현대육임

정단사례

이필문 지음

공감북스

현대육임 정단사례를 들어가며

고대 인류는 자연에 대한 과학적인 지식이 부족하였기 때문에 대다수 자연현상에 대한 합리적인 해석이 불가능하였다. 그리하여 자연현상을 경외시 하고, 종교적 관념을 소박한 자연에 투영하였다. 우주 자연의 섭리라든지 대자연이라는 용어는, 그러한 관념에서 나온 것이라 할 수 있다. 또한 인간은 어떤일이 직면하여 의심이 발생하면, 귀신에게 물어보는 占을 통해서 문제를 해결하고자 하였다.

육임학은 서양철학의 존재론(ontology), 인식론(epistemology), 가치론(axiology)의 범주로 나눌 수 없다. 동양철학 개념인 中의 이론이나 義理學적인 儒家思想, 道家의 無爲자연을 중심으로 하는 초월적 사유라기보다는 易術의 범주에 해당한다고 볼 수 있다. 즉, 육임학은 음양오행설을 바탕으로 하고 상수체계 원리로써 접목하여 공간과 시간의 현상으로 인간의 길·흉·화·복을 예측하는 占學이라 볼 수 있다. 따라서 육임학은 결국 인식과 논리를 중요시 하는 철학적 사유체계로 접근하는 것이 아니라 공존하는 인간의 생사여탈과 길흉화복을 일정한 원리로 밝혀내는 점서에 해당하는 것이다.

따라서 易術의 한 카테고리로서 보아야 할 것이다. 육임학은 실재하는 天氣와 地氣의 기운에서 나누어지는 술수학으로 가정해 볼 때, 우주론과 상수학에 바탕을 둔 예측을 窮究하여 기운의 象으로 판단하는 것이다. 한편, 天·地·人의 상태를 통한 豫斷의 성격도 가진다. 이것은 인간만사를 관장하여 占을 대입하는 술수적인 것으로 인식론적 사고와 논리를 철저히 배제한 학문이다.

太乙, 奇門, 六壬은 옛날부터 三式이라 부른다. 칠정점성학·자평팔자·자미두수·육효역괘 ·매화역수·측자 등의 술수가 아직 흥성하기 전에 도가, 음양가들은 삼식을 끊임없이 진기한 보배로 삼았다. 종래는 삼식에 능한 왕(周文王, 吳王)에서 책사인 姜太公, 伍子胥, 范蠡, 勾踐, 張良, 劉邦, 諸葛良, 李靖, 元室, 耶律純 劉伯溫에 이르기까지 어지러운 세상을 바로잡는 撥亂反正의 군사

인물들은 三式을 두루 갖추고 있었다. 그러나 삼식은 불변의 학문이지만 일반인이 습득하고 사용하기가 어려워 식자에게 근근이 전해져 내려왔다. 이런 삼식은 玄女의 말씀에 의해 전해진다고 하지만, 이것은 고찰된 바가 없다. 삼식 중에서 태을은 하늘의 기운을 주로 살피고 기문은 땅을 으뜸으로 중요시하고 육임은 인간 만사를 두루 살피는 학문으로 각각 성장하고 발전하였다.

그러나 현실적으로 국내에는 육임 전문서적이 미흡하다보니 자연히 중국서적이나 고전에 천착하여 많은 시간과 열정을 번거롭게 쓰고 있는 것도 지금의 현실이다. 더욱 심각한 것은 육임학을 탐구하고 진리를 밝히려는 학인의 수가 점점 적어진다는 것이 저자의 입장에서 아쉬움과 애석함을 금할 길이 없다.

이번 출간되는 MODERN 大六壬 正斷事例精解는 인간백사에 해당하는 모든 모망사를 정리하여 학인들이 쉽게 이해할 수 있는 실전위주의 예제를 택하여 실제 정단이 이루어진 사례 해석집과 그에 따른 필법 적용을 별도로 적용 하였고, 大六壬畢法賦 各 例題別 正斷解釋은 필법1법 시작으로 마지막 100법에 해당하는 예제를 각 법에 맞추어 실전으로 풀이한 해제집이다.

부디 육임학을 수행하는 모든 학인의 지침서가 되기를 간절한 마음으로 본서를 출간하게 되었음을 하는 바람이다. 올 경자년은 유난히도 다사다난 했던 한해인 것 같다. 특히 정초부터 극성을 부리던 대재난인 코로나는 시간이 길수록 정점에 이를 때 어려움을 감수하시며 졸본을 출간해주신 공감북스의 김응수 사장님께 송구할 따름이다. 또한 난문 투성이 원고를 편집해주신 이경희 편집장님께 심심한 감사를 표한다. 저무는 한해 모든 사람들이 어려움을 극복하여 다음해는 행복한 한해가 되기를 기원해 본다.

庚子年 丁亥月

江邊 둥지에서 一目 李弼文.

目次

1장

결혼정단

(結婚正斷)

성혼(成婚)

결혼할 수 있을까?

豫題 1. 辛巳年 丙申月 甲子日 癸酉時 (巳將)
乾命-酉 年-戌 夜占 坤命-巳 年-寅

○	庚	丙
戌 合	午 后	寅 白
寅	寅	午

○	庚	壬	戊
戌 合	午 后	申 匕	辰 玄
甲 寅	戊 ○	子	申

乙 丑 空 巳	丙 寅 白 午	丁 卯 常 未	戊 辰 玄 申
甲 子 青 辰	甲子日 5局		己 ㊇巳 陰 酉
○ 亥 勾 卯			庚 午 后 戌
○ 戌 合 寅	癸 酉 朱 丑	壬 申 匕 子	辛 未 貴 亥

課象分析

1. 일반적으로 결혼 정단에서의 일간을 신랑으로 보고, 일지를 신부로 본다. 여기에서는 간•지가 상생을 하고 간상 戌이 지상 申을 생하고 있다. 그러므로 남자가 여자를 구하는 상이다. 간•지 음양신이 각각 삼합을 하므로 남녀가 삼합지상이다. 간상 戌이 財星으로 육합을 乘하고 있고, 음신 午는 천후를 승하고 있어, 后合이 입전하여, 이는 곧 자유연애로 중매인이 필요 없는 상황이 된다.

2. 간•지가 서로 교차 생극을 하여 반드시 막힘이 있고 거리낌이 있다. 참관격(斬關格)으로 발용하여 支 음신 辰에 현무가 승하여 간상 戌(合)과 冲을 하고 있어 여자 쪽의 가족이 결혼을 반대하고 있는 상이다. 다행히 남자命의 酉 上神인 巳火에 태음이 女命인 巳火 상신 丑土와 생을 하고, 여자의 행년 寅 상신 戌土와 相生하고 있고, 또한 천후가 남자의 行年인 戌에 임했다. 간•지 상신이 상생하여 이 결혼은 성사 됨에 의심의 여지가 없다.

3. 발용 戌土가 合을 승하고, 干上에서 올라간 戌이 순공 이다. 이를 고과과(孤寡課)라 한다. 戌은 협극을 당하고, 남자에게 전처(前妻)가 있었으나 전처(前妻)를 싫어하여 불리(不利)하게 나타났으니(실제로 남자는 전처와 이미 이별한 상태), 정단할 때 여자의 몸에 질병이 감돌고 있다. 비위 또는 부인병이 있다.(유 모씨 증언에 따라 실제 여자가 질병이 있다고 함.)

4. 일지를 볼 때 水는 몸의 비장을 나타낸다. 支上神은 金방향 쪽으로 등사가 타고 있어, 이마가 뾰족하고 얼굴이 붉으며, 支의 음신 辰土가 財爻로 폐가 왜소하여 午에 천후가 승하였다. 천후 음신 寅木은 月破를 하고 있고 백호가 승해있다. 그러므로 이 여자는 높은 편견으로 이루어져 있는 사

람이다. 얼굴형을 보면 위로는 뾰족하고, 아래로는 원형을 이룬 형이다. 다시 말해 방원형의 사람이다.

5. 3전은 초전, 중전이 공함이 되고, 말전에 德•祿이 있어 吉한 끝이 보인다. 간•지 상•하와 3전이 삼합으로 구성되어 있어, 결혼 정단에서는 최고 좋은 것으로,『畢法賦』83法에서 만사희흔삼육합(삼전도. 삼합. 간•지 모두 삼합)이라 하였고, 다른 말로 和美格이라 한다. 3전이 삼합하여 자손국(局)을 형성하였으니 남자 命 상신 巳가 月將이며 육합인 戌土를 생하고 있으니, 필시 자녀를 둘 수 있는 조짐이 있는 것이다.

6. 초전의 財爻가 육합을 승하고 순공이 되니, 출공(出空)할 때를 기다렸다. 공망이 메워질 때 결혼할 수 있다. 중전 자손효가 함공(陷空)이니, 역시 기다렸다가 공망이 메워질 때 자식을 만들 수 있다.(낳을 수)

7. 금년 丁酉月에 유 모씨는 결혼을 하고 내년 2002년 午月에 아이를 낳았다.

• 重審課
• 斬關格
• 炎相格

畢法賦의 해석과 과전 적용

	해 석	과전 적용
64법	**夫婦蕪淫各有私** 이른바,교차극(交車剋)이다. 主는 부부가 서로 불화의 상이다.	일간상신 戌과 일지 子가 극을 하고, 일지상신 申과 일간 甲이 서로 극을 하고 있다.
40법	**后合占婚豈用媒** 천후와 육합, 육합과 천후의 조합이다. 간·지에 천후·육합이 승할 때, 主는 부부가 私情을 통한다.	초전 戌에 육합이 승하고 중전 午에 천후가 승할 때, 일명 교동격(狡童格)이라 하여, 남자가 먼저 여자를 구하는 상이다.
82법	**初遭夾剋不由己** 초전이 지반에 극을 당하고 천장에 극을 당하여 내외전이 되어 협극이 되는 것을 말한다. 主는 모든 모망사는 뜻대로 되지 않고 타인의 명령을 받는다. 그러나 흉신이 협극을 당하면 재앙은 없다.	초전 戌이 지반 寅에 내전을 당하고, 천장인 육합(乙卯)이 외전을 한다. 협극의 형태이다.
5법	**六陽雖足須公用** 4과3전이 모두 陽으로 구성될 때, 이는 모든 모망사에 公的으로 유리하고, 私的인 것은 불리하다.	과전의 천반이 모두 陽으로 4과는 梨·엳·솟·寅 3전은 梨·엳·寅으로 구성
84법	**合中凡殺密中砒** 3전이 合局을 이룰 때 一神이 간지상과 刑·冲·破·害가 되는 경우로, 主는 모든 모망사는 성취도중 실패를 본다. 속되게는 타인이 내 등에 칼을 꽂는 격이다.	3전이 梨·엳·寅 인 木局으로 형성되어 있으나 간음신 午와 자형(自刑)을 하고 있다.

성혼(成婚)

결혼할 수 있는가?

豫題 2. 壬午年 癸卯月 乙未日(空 辰巳) 甲申時 (河魁, 戌將)

坤 - (命-丁未 年-丁酉) 晝占

丙	戊	庚
貴 申	陰 戌	常 子
午	申	戌

甲	丙	丁	己
朱 午	貴 申	后 酉	玄 亥
乙 辰	午	未	酉

乙 匕 未 巳 ○	丙 貴 申 午	丁 后 酉 未	戊 陰 戌 申
甲 朱 午 辰 ○	乙未日 11局		己 玄 亥 酉
○ 合 巳 卯			甲 陰 戌 戌
○ 勾 辰 寅	癸 青 卯 丑	壬 空 寅 子	辛 白 丑 亥

課象分析

1. 혼인 점에서 일간을 남성으로 보고, 일지를 여성으로 본다. 따라서 일지가 女命이 된다. 지상신 酉金은 여성의 行年이 된다. 또한 일간의 귀살로 천후를 승하고 있고, 日支의 敗神이 된다. 따라서 支의 음신인 亥水는 현무를 승하고 있어, 음사의 천장이라 말할 수 있다.
   지지의 음양신이 酉亥로 구성되어 酒字로 만들어 지고, 간지가 교차육합이 되어, 이미 남녀 사이에 왕래가 있다. 이것으로 단언컨대 남과 여는 이미 애매(曖昧)한 관계가 되어 있다.

2. 간상(干上) 午火는 주작이 승해 일간을 탈기하고 있으므로, 남자는 말재주가 좋은 사람이다. 간음신 申金은 일덕(日德)과 귀인을 만들고 있다. 청용은 卯에 승하고, 그 卯의 음신은 巳火에 六合이 승하고 왕상하다. 남자의 몸은 건강하고 전도유망해 보이나 사실과는 다르다.
   그러나 간상신과 지상신이 서로 탈기하여, 즉 「인택수탈다실모(人宅受脫多失耗)」이고, 청용은 일지를 상하게 하고, 천후는 일간을 상하게 하고 있어 남녀 형극지상(刑剋之象)이다. (실제로 쌍방이 사실혼 관계에 있었으나, 지금은 이미 이혼 또는 이별한 상태로서)이에 단언컨대 남자 쪽이 허위부실하고 운명이 막혀있는 상이다.

3. 초전이 남자이고, 말전이 여자이다. 지금 초전에서 말전을 생하고 있다. 남자가 주동하여 여자를 취하는 상이다. 중전은 중매인 혹은 주변사람인데, 중전이 말전을 극하고 초전을 생하므로, 이는 곧 주변사람(중매인)이 반대했으나, 여자는 남자에게 시집가는 상이다.

- 重審課
- 進間傳格(涉三淵格)

畢法賦의 해석과 과전 적용

	해 석	과전 적용
48법	**鬼乘天乙乃神祇** 귀인이 귀극(鬼剋)으로 묘신이다. 일반적으로 신지(神祇)의 害가 쌓이니 공덕을 쌓고 기도해야 한다.	일간의 음신 申이 貴人이 승해 있다. 이는 申이 귀살이기 때문이다.
21법	**交車相合交關利** 간지가 서로 교차하여 合을 이룸을 말한다. 교역에 이로운 상이나, 신살의 조합을 잘 살펴야 한다.	일간상신 午와 일지 未가 六合이며, 일지상신 酉와 기궁 辰이 서로 六合관계에 있다.
49법	**兩貴受剋難干貴** 양 귀인이 서로 지반에 극을 당하는 격으로, 이는 어느 귀인에게도 도움을 청할 수 없는 상이다.	낮 귀인 申은 지반 午에게, 밤 귀인 子는 지반 戌에게 모두 수극을 당한다.
35법	**人宅受脫俱招盜** 조합은 일진이 서로 상신에 脫을 당하는 것이다. 主는 재물을 도난 당하고 수탈 당하므로 이를 방비해야 한다.	일간 乙과 일지 未가 서로 각각 상신 午와 상신 酉에게 脫을 당하고 있다.

성혼(成婚)

결혼할 수 있는가?

豫題 3. 辛巳年 丁酉月 乙亥日(空 申酉) 巳時 (巳將)
命 - 辛亥 年 - 壬寅 晝占

庚	乙	辛
勾 辰	玄 亥	合 巳
辰	亥	巳

庚	庚	乙	乙
勾 辰	勾 辰	玄 亥	玄 亥
乙 辰	辰	亥	亥

辛 合 巳 巳	壬 朱 午 午	癸 匕 未 未	○ 貴 申 申
庚 勾 辰 辰	乙亥日 1局		○ 后 酉 酉
己 青 卯 卯			甲 陰 戌 戌
戊 空 寅 寅	丁 白 丑 丑	丙 常 子 子	乙 玄 亥 亥

課象分析

1. 과(課)는 복음과 자신격이다. 주로 은닉 • 잠장(潛藏)으로, 혼인 점에서는 불안지상(不安之象)의 상이다. 혼인 점에서 일간은 남자, 일지는 여자를 뜻하고, 현재 간지상신은 자형(自刑)으로 서로 상극을 하고 있고, 음신은 서로 재극인(財剋印)으로 극하고 있다. 또한 지분재병(支墳財併)으로 참관격 발용이다. 혼인 점에서 반드시 막힘이 있고, 불안한 형태를 보이고 있다.

2. 혼인 점에서 남자를 관(官)으로 보고, 여자를 재(財)로 본다. 현재 財가 많으며, 둔간이 암귀이다. 따라서 암중에 관귀가 혼잡되어 있는 형상이다. 남녀 간 암매지상(暗昧之象)으로 서로의 어려움을 면할 수 없으며, 발용 辰은 일간 辰기궁과 형(刑)을하고 있다. 말전 巳는 일지 亥와 충(冲)을 하고 있다. 이 또한 冲은 모든 것이 흩어지는 상과 같다.

3. 4과의 상 • 하신이 서로 자형을 하고 있고, 흉장이 모두 승하고 있다. 점자의 본명 亥의 상신인 亥에 현무가 승하고, 행년 寅 또한 천공이 승해, 이 모든 것들이 불량지상(不良之象)으로 이뤄져 있다. 여기서 여자의 남편은 관을 유신으로 보고 있으나, 현재 유신인 관이 과전에 입전하지 못하고 있을 뿐이나. 선지반도에서의 관은 낙공이 되어 있다. 이는 성혼을 할 수 있는 상이라 할 수 없다.

4. 현재 금년의 행년이 壬寅이다. 寅상신 寅에 겁도(劫刀)인 천공이 승하니, 이는 곧 불성(不成)의 조짐이 보이고, 명년의 행년은 辛丑으로 태상이 승하여 吉한데, 이는 관효(官爻)가 되지 않아, 이 역시 불성의 조짐이 있다. 갑신년 申金인 관성(官星)이 말전과 합을 하고, 말전 巳가 支 亥와 冲하는 곳에 合이 이르기에 결혼성기로 본다. 을유년에 酉金은 귀살로 초전과 말

전이 합을 이룬다. 따라서 이 2년 후가 옳은 결혼 시기이다.

- 伏吟課(自任格)
- 斬關格

畢法賦의 해석과 과전 적용

	해 석	과전 적용
32법	三傳互剋衆人期 3전이 모두 갈마질하여 일간을 극하는 것. 즉 초전→중전→말전→일간극, 말전→중전→초전→일간극, 모든 일이 불리한 상황이 되어 대중이 나를 기만한다.	일간 乙木이 초전 辰을, 초전이 중전 亥를, 중전이 말전인 巳를 극한다. 일간부터 체극이 되지만 이럴 경우에는 구재대획격(求財大獲格)이라 하여 큰 재물을 획득하는 상황이 된다. 따라서 傳의 극 방향을 잘 보아야 한다.
66법	支墳財併旅程稽 지진(일지)의 묘신이 일간의 財가 되는 경우이다. 이는 사업자는 원금을 모두 손실하고 謀하는 일은 모두 막힘이 있다.	일지 亥의 묘신(墓神)은 辰이다. 따라서 일간상신 辰은 일간의 財星이 된다.

성혼(成婚)

해로 가능할까? 편안한가?

豫題 4. 辛巳年 己亥月 乙酉日(空 午未) 巳時 (卯將)

坤命 - 丙午　年 - 丁酉　夜占

乾命 - 己巳　年 - 寅

庚	戊	丙
寅 朱	子 貴	戌 陰
辰	寅	子

庚	戊	○	癸
寅 朱	子 貴	未 白	巳 青
乙 辰	寅	酉	未 ○

辛 卯 合 巳	壬 辰 勾 午 ○	癸 巳 青 未 ○	○ 午 空 申
庚 寅 朱 辰	乙酉日 4局		○ 未 白 酉
己 丑 ヒ 卯			甲 申 常 戌
戊 子 貴 寅	丁 亥 后 丑	丙 戌 陰 子	乙 酉 玄 亥

課象分析

1. 혼인정단을 예측할 때 일간을 남자로, 일지를 여자로 본다. 또한 유신으로 청룡을 남편으로, 천후를 부인으로 본다. 현재 간지가 서로 극하고, 간지 상신 또한 서로 극한다. 이미 음신도 서로 극하고 있다. 일간상신은 주작이 발용됐다. 이로써 부부간에 서로 불화의 상을 알 수 있다. 서로 다툼과 싸움의 상을 보여주고 있다.

2. 4과 상신 청용인 巳가 일지 酉를 극하고, 청룡의 음신인 卯는 도화이고, 육합을 승하여 支인 酉를 冲하고 있다. 이는 명현격(明顯格)으로 남편의 정이 떠난 연(戀)의 이별지상(離別之象)이다. 무릇 정단에서 이미 남편은 외유정인이 있는 상태이다. 또한 청룡 巳는 월파(月破)이고, 未의 지반공망에 좌(坐)하였다. 이로써 남편은 실질적 마음이 없다.

3. 여자 본명상신 辰에 구진의 흉장이 승했다. 남자의 본명은 巳이다(남자 乙巳命). 상신 卯는 육합을 승하여 서로 육해를 하고 또한 여자의 행년상신 未에 백호가 승했고, 남자의 행년상신 子에 귀인이 승하며, 서로(행년상신) 육해를 하고 있다. 남녀의 연명상신이 서로 극과 해를 하고 있다. 또한 간지는 교차극을 하고 있다. 반드시 정이 끊어지는 상이다.

4. 寅에 주작이 승하여 발용이 되고 辰上에 加했다. 辰은 구진으로 주작과 구진이 서로 만나면 쟁투(말다툼)와 관송의 상이다. 寅은 과거의 태세(太歲), 戊寅 태세이므로 3년 전으로, 3년 전부터 말다툼과 시비를 일삼아 왔다. 부부가 서로 맞지 않는 정황이다. 또한 해리무음과(解離蕪淫課)를 득하여 부부간에는 같이 못살고 오래 전부터 별거를 하고 있다. 일간상신 寅은 일지 酉의 절지(絶地)이고, 일지상신 未는 일간 乙의 묘신이다. 따라서 혼인관계를 유지할 수 없음을 나타낸다.

5. 발용 寅은 귀인전(貴人前)이다. 일이 빨리 이루어진다. 삼전 화국(火局) 중 중전 午가 빠져있다. 이를 허일대용(虛一待用)이라 하고, 다음 태세인 午가 왔을 때, 중전 午가 채워지면서 이혼의 응기(應期)로 본다. 또 말전 戌의 충지(沖支)를 산기(헤어지는)로 본다. 그러므로 내년 임오년 3월 辰月이나 午月에 반드시 이혼을 한다.

• 遙剋課(彈射格) • 退間傳格(明陰格) • 斬關格

畢法賦의 해석과 과전 적용

	해 석	과전 적용
62법	**支乘墓虎有伏尸** 일지에 묘신이 복(覆)하는 것. 즉 엎드린 시신을 깔고 있다. 가택을 극하면 화는 더욱 강하다. 가정에 효복이 동하는 상이다.	일지상신 未는 일간의 묘신이다. 또한 백호가 승해 있다. 그러나 공망이 되어 그 해는 크지 않다고 설명하나, 이는 묘공격(墓空格)으로 묘신이 공망이 되면, 그 해(害)는 가임(加臨)된다. 이 부분도 잘 보아 착오 없도록 한다.
64법	**夫婦蕪淫各有私** 내용은 교차극(交車剋)이다. 主는 부부가 서로 불화의 상이다.	일간상신 寅은 일지 酉로부터 극을 당하고, 일지상신 未는 일간 乙로부터 극을 당한다. 부부 이별의 상이다.

성혼(成婚)

내가 그와 결혼할 수 있을까?

豫題 5. 甲午年 戊辰月 庚午日(空 戌亥) 戌時 (酉將)
乾 - (命-丁未) 坤 - (命-丑) 晝占(借客出占)

庚	己	戊
午 青	巳 勾	辰 合
未	午	巳

辛	庚	己	戊
未 空	午 青	巳 勾	辰 合
庚 申	未	午	巳

戊 辰 合 巳	己 巳 勾 午	庚 午 青 未	辛 未 空 申
丁 卯 朱 辰	庚午日 2局		壬 申 白 酉
丙 寅 匕 卯			癸 酉 常 戌 ○
乙 丑 貴 寅	甲 子 后 丑	甲 子 后 丑	○ 戌 玄 亥 ○

課象分析

1. 일간을 남자, 일지를 여자로 본다. 현재 간상 未土가 천공이 승했다. 남자의 체격이 뚱뚱하고 비대한 것을 알 수 있다. 또한 허영지심(虛榮之心)이 있음을 알 수 있다. 다만 간음(干陰) 午火가 청룡이 승하고 있어, 남자가 총명함과 어느 정도 능력이 있음을 알 수 있다. 간•지상신이 상생하고 간•지교차육합을 하고 있다. 그러므로 단언컨대, 남녀가 이미 육체관계를 가진 것을 알 수 있다. 남자의 본명은 丁未(1967년생), 본명상신 午火는 청룡을 승하고 있다. 午는 여자본명의 상신子와 해리격(解離格)으로 이별을 나타내고 본 괘의 주는 성격이 급한 것이다. 청룡음신 巳火는 구진을 승하고 있다. 구진은 투쟁의 신이다. 따라서 이 남자는 성격이 급하고 조급하며, 여자는 불만의 뜻을 가지고 있다.

2. 초전 발용 午는 관효(官爻)로 청룡을 승하고 있고, 중전 巳 역시 관귀효이다. 말전 辰은 귀향(鬼鄕)으로 가고 있다. 따라서 많은 남자가 보이는 상이다. 그러므로 여자는 다른 남자를 찾고 있는 중이다. 삼전퇴여로 남자가 쓸모없다 느껴져 쫓아 내려하고 있다. 삼전도 4과와 같이 있는 격으로「회환(回環)」을 이루고 있다. 그러므로 남녀의 끊을 수 없는 것에 말려들고 있다. 한동안 계속 반복되어 어려움이 계속된다.

3. 여자 본명 丑 상신 子가, 천후가 승하고, 남자 본명 未上 午火가 청룡이 승했다. 이는 형(刑)을 만들고 남녀 본명상신이 冲을 이룬다. 결과적으로 이 남자와 헤어지는 것은 결과가 없다.

- 遙剋課(蒿矢格)
- 退連株格
- 廻還格

畢法賦의 해석과 과전 적용

	해 석	과전 적용
3법	**簾幕貴人高甲第** 낮 점에는 밤 귀인이고, 밤 점에는 낮 귀인이 되는 것이다. 시험 점에서 전문적으로 나타난다. 수험자는 합격하고, 반대로 관직자는 퇴직한다. 각 사안을 잘 구분해 보아야 한다.	현재 과전도가 戌시 정단인데, 丑이 현재 귀인이 되고, 未가 염막귀인이 되어 있다. 간상 未가 비록 천공이 승했지만 염막귀인이 된다.
21법	**交車相合交關利** 간 • 지가 서로 교차하여 행을 이룸을 말한다. 교역에 이로운 상이나, 신살의 조합을 잘 살펴야 한다.	일간상신 未와 일지 午가 육합관계이고, 일지상신 巳와 일간기궁 申이 육합관계이다. 그러나 이 관계는 合도 되지만 刑도 될 수 있다. 주의해서 보아야 한다.

성혼(成婚)

멀리서 만난 짝과 이루어 질 수 있을까?

豫題 6. 壬午年 辛亥月 癸巳日(空 午未) 寅時 (卯將)
乾 - (命-戊戌　年-戌)
坤 - (命-甲辰　年-甲午) 晝占(借客占抽)

○	甲	乙
未 朱	申 合	酉 勾
午 ○	未 ○	申

庚	辛	○	○
寅 玄	卯 陰	午 ヒ	未 朱
癸 丑	寅	巳	午 ○

○ 午 ヒ 巳	○ 未 朱 午 ○	甲 申 合 未 ○	乙 酉 勾 申
癸 巳 貴 辰	癸巳日 12局		丙 戌 青 酉
癸 巳 貴 辰			丁 亥 空 戌
辛 (卯)陰 寅	庚 寅 玄 丑	己 丑 常 子	戊 子 白 亥

課象分析

1. 미혼자 점자의 혼인정단에서 일간은 자신이고, 지진은 상대방을 나타낸다. 현재 일간 癸水는 월령(月令)의 왕상기이다. 점시 정단의 혼담 직전의 설명이다. 간상 寅은 현무가 승하여 탈기를 당한다. 이를 탈상격(脫上格)이라 하고, 점자의 결혼을 앞둔 상태에서 경제상황이 충분치 않음을 나타낸다. 금전의 손모 손실의 상이다. 또한 자금력이 절박함을 알 수 있다. 다행이 일간(기궁)이 록지(祿地) 앉아서 스스로 방어하고 있어 탈진(脫盡)은 되지 않는다.

2. 支는 상대방(남자), 지상신 午는 財星 위에 등사가 승해있다. 지음신 官星인 未도 주작이 승하고, 남자의 조심스런 마음을 보여주는 의미가 있다. 성정(性情)은 편급(偏急)하나 착하고 구변이 좋다. 피부색은 흑황색이다. 청룡음신 亥는 흑색을 발현하는 상이다. 亥는 역마에 해당하고, 둔간에 정마(丁馬)가 있다. 남성의 직업이 운전기사임을 알 수 있다. 지음신 未는 관성(官星)을 이루고, 또 청룡이 戌에 승하고 있다. 土의 주는 신용이다. 이는 신용과 함께 성실함과 소박함을 알 수 있다.

3. 발용 未가 官星으로 주작을 승하고 일간을 극하고, 자신이 압력을 받고 있으나, 중전 申은 육합이 승하고 일간의 장생이다. 끝내 吉한 상이다. 반드시 결과가 있다.

4. 여자의 본명은 甲辰이고, 남자의 본명은 戊戌이다. 남녀의 본명에서 상충을 한다. 이는 본질적으로 결혼에 불리하다. 다행이 여자의 행년상신 未土 官星으로 일지상신인 午財와 육합을 하고 남자의 행년 戌의 상신 亥와 간상인 寅과 육합을 한다. 이는 冲과 合을 같이 봉(逢)하는 상이다. 일지상신인 음신 午와 未가 서로 생합을 하고 있어, 필시 혼인 점에서 혼담이 성립

될 수 있는 것이다.

5. 초전 未는 官星으로 천희(天喜)와 같이 있고, 중전 申은 일간의 장생이며 성신(成神)이다. 천희와 성신이 갖춰져 있으나 과전이 공함(空陷)이다. 다행이 소거방위(所去方位)인 서남(西南) 未申인 곤방(坤方)이 공함에 이른다. 그러므로 공망이 출공(出空)될 때 필히 성사가 된다. 주작이 발용하여 태세인 午와 생합을 해서 결혼신고를 수속하고 갖출 수 있다.

6. 본 과전의 요극과 호시격이다. 발용의 주 요소는 원사(遠事)이다. 해외로 멀리 시집가는 것이 올바른 대응이다.

- 遙剋課(蒿矢格)
- 進連株格
- 孤盡寡宿格

畢法賦의 해석과 과전 적용

	해 석	과전 적용
17법	**進茹空亡宜退步** 3전의 진연주격에서 공망이 되면 앞으로 더 나아가지 말고 후퇴해야 한다. 해공을 기다려 행동함이 바람직하다.	삼전인 未・申・酉 중, 초・중전인 未・申이 공망이고, 말전인 酉는 공향(空鄕)으로 가고 있다.
55법	**所謀多拙逢羅網** 간상신이 간전(干前) 1辰 이고, 지상신이 지전(支前) 1辰 이다. 또한 이를 두고 천라지망(天羅地網)이라하여 12국에서 나타난다. 움직이지 말고 자리를 지킴이 옳다.	일간상신 寅은 일간기궁 丑의 前 1辰이 되고, 일지상신 午는 일지 巳의 前 1辰이 된다. 하늘의 철그물에 옥죄는 상이다.

성혼(成婚)

결혼은 가능할까?

豫題 7. 壬午年 癸卯月 己卯日(空 申酉) 午時 (亥將)
乾 - (命-辛亥　年-丁酉)
坤 - (命-丁巳　年-未)　夜占(借客占抽)

辛	甲	己
玄 巳	朱 戌	白 卯
子	巳	戌

丙	辛	○	丁
合 子	合 子	貴 申	靑 丑
己 未	子	卯	申 ○

甲 朱 戌 巳	乙 合 亥 午	丙 句 子 未	丁 靑 丑 申
○ 匕 酉 辰	己卯日 8局		戊 空 寅 酉
○ 貴 申 卯			己 白 卯 戌
癸 后 未 寅	壬 陰 午 丑	辛 玄 巳 子	庚 常 辰 亥

課象分析

1. 혼인 점에서는 일간을 남자, 일지를 여자로 본다. 또한 청룡은 남편, 천후는 부인으로 본다. 지금 간상 子는 日의 도화와 日干의 財星이다. 따라서 지음신 丑이 일간상신 子와 육합을 하고 있다. 남녀 상회지상(相會之象)을 나타낸다. 남자의 본명이 辛亥, 여자의 본명이 丁巳, 서로 상충(相冲)한다. 다행인 것은 남자의 행년상신은 寅이고, 여자의 행년상신은 子로, 서로 상생을 하고, 또 간 • 지상신 음신이 서로 균등하여 상생합(相生合)을 한다. 혼인이 성사되는 상이다.

2. 여자의 행년상신 子는 일간에 加하여 財星과 도화를 만들고 있다. 이 여자는 남자를 추구할 상이며, 지상신이 여자이다. 지금 卯상신 申에 귀인이 승했다. 음신 또한 청룡 문관이다. 또 여자의 본명 巳上에 괴성(魁星)인 戌이 加하고 주작이 승했다. 이로써 알 수 있는 것은 여자가 문화적인 것과 교육적인 일을 한다고 볼 수 있다. 천후의 음신 子에 도화가 병(並)해 있어, 여자가 몸매가 좋은 미인이며 청량함을 알 수 있다. 일지 卯木은 여자를 뜻한다. 상신 申金은 청룡이 승한 쪽으로 향하고, 卯 또한 백호가 승하고 있다. 여자의 몸은 날씬하고, 얼굴은 방형(方形)이다.

3. 초전을 남자로 볼 때, 현무를 승하여 발용했다. 남자가 지식이 깊고, 원활한 사람이다. 말전을 여자로 볼 때, 백호가 승했다. 여자 쪽과 남자 쪽의 성실함이 비교된다. 초 • 말전이 상생하고, 3전이 주인격(鑄印格)으로 파(破)하지 않는다. 모든 일은 원만하고, 결혼은 성립된다.

4. 선봉문인 점시 午는 일간의 祿을 봉하고, 발용은 왕상하다. 결혼의 成期를 말전의 합처(合處)로 잡는다. 그러므로 당년(當年) 정단이 되면 庚戌月 반드시 성혼이 된다.

• 知一課
• 斬關格
• 鑄印格

畢法賦의 해석과 과전 적용

	해 석	과전 적용
37법	末助初兮三等論 이른바 말전에서 초전을 도와 일간을 生하거나 剋하는 상황이 된다. 타인이 나를 도와주는 형상이 되나, 또 생각해 보아야 할 것은, 일간이 극을 당할 때는 부추기는 사람이 악인이 될 수 있다.	3전 巳・戌・卯에서 말전 卯는 초전 巳를 생조(生助)하여 일간 巳를 生하게 하고 있다. 타인이 나를 도와 나에게 이로움을 주는 것이다.

※ Point : 주인격(鑄印格)에 대한 주의할 점

3전에 주인격인 巳・戌・卯가 되어 있으면 일반적으로 관직자의 진급이나 영화가 따를 수 있다. 그러나 조심해야 할 것은 巳・午・未 월, 즉 여름 火가 旺한 계절은 파인손모(破印損耗)라 하여 철인장이 녹는 격으로 사용할 수가 없다.

성혼(成婚)

남자를 찾는데… 성혼은 잘 될 수 있을까?

豫題 8. 己卯年 甲戌月 丙申日(空 辰巳) 己亥時 (辰將)
乾 - (命-戊申)
坤 - (命-甲寅 年-丁未) 夜占

癸	丙	辛
卯 常	申 合	丑 陰
戌	卯	申

戊	癸	辛	甲
戌 常	卯 常	丑 陰	午 靑
丙 巳	戌	申	丑

戊 戌 匕 巳 ○	己 亥 貴 午	庚 子 后 未	辛 丑 陰 申
丁 酉 朱 辰 ○	丙申日 8局		壬 寅 玄 酉
丙 申 合 卯			癸 卯 常 戌
乙 未 勾 寅	甲 午 靑 丑	○ 巳 空 子	○ ㊠ 白 亥

課象分析

1. 運의 기운은 1과로 볼 수가 있다. 점 본 이의 상이 주로 나타나는 상이다(主는 1과이다). 현재, 간 • 지에 묘(墓)가 승한다. 이는 본인이나 가정에 혼매하고 불리한 상이다. 또한 1과에 양사협묘(兩蛇夾墓)를 가지고 있다. 반드시 재앙이 생길 것이다. 발용 卯는 휴수(休囚)이다. 이 일은 과거사이다. 또한 태세가 발용하여 올해의 일을 정단하는 것이다.

2. 일간상에 등사와 묘가 승했다. 또한 子를 극했다. 재액이 일어날 상이다. 본명 寅은 병부(病符)이다. 여자의 본명 寅의 상신은 未가 승하고 木의 묘이다. 한 해의 질병이 계속되는 징조이다. 무인행년 卯 상신은 申이 임한다. 이름하여 육편판격(六片板格)으로, 불길한 상이다. 과전에 官星인 水가 없다. 천지반도의 亥水上인 辰에 백호가 승하여 水를 극한다. 부인과 계통의 혈액질병이다.

3. 발용 卯는 태상이 승하고 폐구(閉口)가 되어 일간을 극한다. 卯는 관(널) 또는 부모의상(喪)이다. 태상은 유신으로 부모상을 나타내고, 장생 寅은 父爻로 병부(病符)를 가지고 있다. 엎드리니 무덤이고 서니 언덕이라 했다. 또 현무가 승하여 흉장이다. 부친이 신장계통의 질병과 고혈압 또는 근골 쪽의 병이다. 세상에 오래 살 수는 없는 병이다.

4. 다르게 표현하면 干은 남편이고, 支는 부인이다. 간상에 묘신과 등사가 승하고 子를 극하니, 이는 두뇌혼몽지상(頭腦昏蒙之象)의 상이다. 여자 쪽에서 보면 官을 남편으로 보니, 곧 관귀효 亥子水이다. 휴수하여 사절지(死絶地)에 앉으니, 불길한 상이다. 또한 午에 청룡이 승하니, 효신(墝身)이라 한다. 자신의 몸을 상하게 하는 징조이기도 하다. 午에 청룡이 승하여 丑에 加하니 丑은 死神이다. 또한 지반 丑과 상신 午가 서로 害하는 상잔지

상(傷殘之象)이 된다. 장차 남편에 의해 틀림없이 깨지는 상이다.

5. 간 • 지상신이 상형(相刑)하고 있고, 그 음신 卯午는 서로 상파(相破)가 된다. 부부 불화지상(不和之象)이니, 천후인 子는 干을 극하고, 청룡인 午는 支를 극한다. 부부가 서로 극하는 상이다. 또 초전이 남편이고, 말전이 부인이다. 이 또한 초전과 말전이 서로 극을 한다. 이혼의 상으로 나타난다. 남편의 본명은 戊申, 처의 본명은 甲寅이다. 본명끼리 서로 冲하고 상신도 서로 冲한다. 좋은 인연이 될 수 없다. 일간은 공망이고 官爻는 휴수한다. 즉 인연이 약하다고 볼 수 있다. 발용하기에 이미 이혼의 상이다.(이혼이 되어 있다.)

6. 태음은 일지의 묘로 干을 탈기하는데, 반드시 음사와 암매의 일이다. 支의 음신 또한 청룡이 승하고, 여성의 행년상신 子의 천후는 말전 丑의 태음과 육합을 한다. 본명상신인 未는 청룡인 午와 육합을 한다. 필히 새로운 기쁜 일이 생긴 것이다(음적으로). 즉 새로운 남자가 생긴 것이다. 이 남자는 (1971년생으로 즉 본명은 辛亥, 행년은 甲午) 청룡의 음신인 亥는 官星이다. 이는 정인(情人)의 근본이다. 또 이 행년상신이기도 하다. 水는 黑을 나타내고, 찰색이 흑색이다. 본명 亥는 午에 加했다. 이는 남방인을 나타낸다. 본명 亥상신은 辰土이다. 천강에 백호가 승했다. 主는 성정이 진솔(탄솔)하고 신용이 있는 사람이다. 또 머리 상단부에 흉이 있다. 키는 크지 않은 편이다. 여자의 본명 寅은 남자의 본명인 亥와 육합을 하고 있다. 여자 본명상신인 未와 남자 본명상신인 辰은 비화하고 있다. 행년상신인 亥子는 천후가 승하고 비화한다. 따라서 남녀의 성격은 서로 화합한다. 능히 결혼에 손색이 없다. 다시 돌아서 서로 맞는 배필이다.

- 元首課
- 斬關格
- 閉口格

畢法賦의 해석과 과전 적용

	해 석	과전 적용
54법	**兩蛇夾墓凶難免** 기궁과 묘신과 등사가 같이 존재, 즉 기궁이 巳이고, 간상이 일간의 묘신이 되고, 등사가 승할 때이다. 흉을 면하기가 어렵고, 질병은 적괴(암)가 될 수 있어 살아날 수 없는 상황이 된다.	과전 丙日날 기궁이 巳이다. 일간상신은 戌이고, 등사 천공이 승해있다. 이런 경우에 戌匕/巳空이 형성된다.
88법	**干支乘墓各昏迷** 간상과 지상에 각각 묘를 복(覆)하는 경우를 말하며, 모든 정단이 순탄치 못하고 하사불성(何事不成)이 된다.	일간상신 戌은 丙일간의 묘신이 되고, 일지상신 丑은 지진 申의 묘가 되어 간지상신 모두 묘신이 된다.
38법	**閉口卦體兩般推** 무릇 순수가 순미에 가하거나, 또는 순수에 현무가 승하거나 순수상에 현무가 승하여 발용하는 것. 마치 물속에서 숨을 쉬듯 모든 모망사는 어려움을 겪는다.	일간음신 卯의 둔간이 癸가 되어 순미가 되고, 초전 卯에 癸가 되어 폐구가 된다.

2장

출행정단

(出行正斷)

출행(出行)

출행함에 별일 없겠는가?

豫題 9. 戊寅年 癸亥月 辛未日(空 子丑) 乙未時 (卯將)
命 - 乙未 年 - 己酉 晝占

丁	○	辛
后 卯	合 亥	白 未
未	卯	亥 ○

庚	丙	丁	○
常 午	貴 寅	后 卯	合 亥
辛 戌	午	未	卯

<table>
<tr><td>乙
匕 丑
巳</td><td>丙
貴 寅
午</td><td>丁
后 卯
未</td><td>戊
陰 辰
申</td></tr>
<tr><td>甲
朱 子
辰</td><td colspan="2" rowspan="2">辛未日
5局</td><td>己
玄 巳
酉</td></tr>
<tr><td>○
合 亥
卯</td><td>庚
常 午
戌</td></tr>
<tr><td>○
勾 戌
寅</td><td>癸
青 酉
丑</td><td>壬
空 申
子</td><td>辛
白 未
亥 ○</td></tr>
</table>

課象分析

1. 출행 점에서 사람을 일간으로 보고, 왕래 주소지(목적지)를 일지로 본다. 금일은 점시가 절지(絶地)에 앉았고, 또한 시령(時令)으로 휴수이다. 일간 상신은 午 귀살로 일간을 극한다. 자신의 상태가 좋지 않음을 알 수 있다. 천시(天時)를 득하지 못하고, 지리(地利) 또한 처음부터 귀살을 본다. 출행에 불미스럽다.

2. 支는 갈 곳을 말한다. 현재 支는 未로 서남방향을 나타내고 있다. 지상 卯는 월장을 가지고 있다. 외출 시 財와 유관(有關)하다. 또한 초전 卯의 둔간 정마(丁馬)가 일간을 극하고 있다. 필시 가고자 하는 방위가 불길함을 정할 수 있다.

3. 지상 卯는 亥月의 월신살 사기(死氣)이며, 화귀(火鬼)를 병행하여 발용하고 있다. 간상 午는 귀살과 천귀살을 병행하여 일간을 극하고 있다. 흉상이 분명히 나타나고 있다. 卯는 財로 둔간에 丁馬를 가지고 발용을 했다. 중•말전은 공함(空陷)이다. 이로써 전(傳)을 볼 때, 초전으로 정단을 한다. 또한 金日 丁馬가 逢해져서 흉화가 動할 수 있으며 辛未日은 亥月의 「왕망(往亡)」이다. 출행의 백사(百事)가 불리하다. 이번 출행으로 자동차 사고로 인해 손상을 당한다.

4. 생명이 위험하겠는가? 첫 번째로, 휴수한 亥월건이 孫爻로 鬼를 制한다. 두 번째로, 午鬼에 태상이 승하여 土월장에 加해져 귀화(鬼化)되고 있다. 세 번째로, 월장이 발용이 되고, 또한 행년 酉의 상신 巳는 日의 덕신이다. 말전은 인성(印星)으로 鬼로 인해서 干을 생한다. 네 번째로, 3전이 삼합하여 財局이 되고, 간상 午는 말전 未와 육합을 하고, 간음신 寅은 중전 亥와 육합을 하니, 삼육합이 서로 되는 상이다. 『課經』에서 말하기를 「삼육

상호견희흔(三六相呼見喜忻)」나쁜 것은 사라지고, 진실한 것은 이루어진다. 그러므로 생명에는 지장이 없다고 말할 수 있다.

• 知一課
• 曲直格

畢法賦의 해석과 과전 적용

	해 석	과전 적용
40법	**后合占婚豈用媒** 천후나 육합의 조합이다. 간지에 천후나 육합이 승할 때 主는 부부가 사정(私情)을 통한다.	일지상신 卯와 그 음신 亥가 각각 천후와 육합이 승해있고, 삼전에도 천후와 육합을 가지고 있다. 이런 경우 일녀격(泆女格)으로 여자가 먼저 남자를 취하는 상이다.
25법	**金日逢丁凶禍動** 庚일이나 辛일날 과전에 정마(丁馬)가 임하는 것으로 반드시 凶이 動하여 재난이 발생한다.	일지에 丁馬가 봉해지고 초전에도 丁馬가 봉해져 있다. 丁神은 水日(壬.癸)날을 제외하고는 거의 凶의 작용을 한다.
83법	**萬事喜忻三六合** 3전의 삼합국과, 간지상이 또 삼합국과 육합을 이룰 때이다. 「經」에서 말하기를 삼육합이면 서로 기쁨을 보고 부르게 되니, 설령 악을 대동해도 진노가 되지 않는다.	3전에서 삼합을 하여 財局을 형성하고, 일간상신 午와 말전 未가 서로 육합이 된다. 또한 일간음신 寅은 중전의 亥와 육합을 한다. 이를 삼육합이라 한다.

	해 석	과전 적용
82법	**不行傳者考初時** 중•말전이 모두 공망이 될 때 초전만을 가지고 그 길•흉을 판단한다.	3전에서 초전인 卯를 제외한 중전 亥는 순공이 되고, 말전 未는 함공이 된다. 이때 공망된 중•말전을 제외한 초전 卯로만 정단하는데, 주의할 점은 그 시류를 잘 따라야 한다는 것이다.
27법	**傳財化鬼財休覓** 3전이 財局으로 형성되어 있고, 간상이 귀살이 될 때, 財를 몰아 鬼에 주어 干을 상하게 되는데, 이때 구하는 財는 화를 당하고 여자를 구하는 점에서 처로 인한 화가 생긴다.	3전이 卯•亥•未의 財局이 형성되었으나 일간상신 戌이 귀살이다. 이때 傳의 財가 간상으로 와서 일간을 친다.

출행(出行)

언제 돌아올 것인가?
외출 후 3일이 지나도 오지 않는 상황

豫題 10. 丁丑年 甲辰月 丁未日(空 寅卯) 癸卯時 (酉將)

晝占

乙	癸	癸
空 巳	陰 丑	陰 丑
亥	未	未

癸	丁	癸	丁
陰 丑	勾 未	陰 丑	勾 未
丁未	丑	未	丑

辛 貴 亥 巳	壬 后 子 午	癸 陰 丑 未	○ 玄 寅 申
庚 匕 戌 辰	丁未日 7局		○ 常 卯 酉
己 朱 (酉) 卯			甲 白 辰 戌
戊 合 申 寅	丁 勾 未 丑	丙 青 午 子	乙 空 巳 亥

課象分析

1. 일간상신 丑은 墓이며, 태세가 되고, 폐구(閉口)로 암귀(暗鬼)이며 일간을 극한다. 또 간상 丑은 일간을 탈기한다. 간음신 未는 대모(大耗)와 세파(歲破)를 하고, 또한 구진을 승하고 일간을 탈기한다. 현재 자신의 상태가 좋지 못하다.

2. 지진은 가는 방향(나가는) 지상에 丑이 태음이 승하여, 「입내(入內)」, 즉 몽폐혼란지상(蒙蔽昏亂之象)이다. 또한 「탈상탈(脫上脫)」이 되고도 파쇄(未)로 干을 탈기한다. 금전적으로 손모가 발생하는 상이다.

3. 간•지상신 또한 사계(四季)의 관신이다. 이는 외출 시, 필히 관격(關隔)을 당한다. 관격이 발용하고, 현재 역마 巳는 양인(羊刃)발용이며, 또한 천차살(天車殺), 역마이다. 양인의 主는 혈광(血光)이다. 천차는 주로 차량의 사고이다. 여기서 알 수 있는 것은 교통사고 발생을 의심할 여지가 없다. 중•말 양전이 탈기를 하면 일간의 둔귀로 일간을 극하고 있는, 곧 탈음양지상(脫陰陽之象)의 상이다.

4. 과전은 반음과로 무적극이다. 이를 정란사(井欄射)라 한다. 본뜻은 출행에 불리하다. 『課經』에서 말하길, 丁生四丑의 모든 점은 앙구(殃咎)이다. 사계(四季)는 암매하고 傷한다. 마땅히 閉口이다. 閉口는, 정수(靜守)하고 움직이지 않으면 흉을 면할 수 있다.

5. 이미 四鬼가 어둡고 傷하는 상이다. 傷하는 곳은 어디에 있나? 발용 巳는 천공을 승하여, 「수욕(受辱)」이라 하고, 복통과 이질(배가 아픈) 의 상이다. 또 丑은 배를 가리키고 둔귀가 日을 극하고 있다. 이는 복부 갈빗대 사이를 다쳤을 것이다.

6. 그럼 언제 귀가하나? 역마가 絶이나 墓를 逢한 날이 應期이다. 그러므로 오늘 밤 戌亥時나 혹은 3일후인 辛亥日 돌아 갈 것이다. 곤란을 당한 날이 庚戌日이니, 다음날인 辛亥日이 될 것이다. 이는 역마가 墓·絶에 임하는 날이다. (巳가 亥에 임함 - 絶日)

- 返吟課(無親格)
- 四絶格
- 六陰格
- 閉口格

畢法賦의 해석과 과전 적용

	해 석	과전 적용
6법	**六陰相繼盡昏迷** 4과3전이 모두 陰으로 구성되어 있을 때 공사(公事)는 어렵고, 사사(私事)는 이롭다.	4과 丑·未·丑·未로 구성되고, 3전이 巳·丑·丑으로 모두 陰으로 구성되어 공적인 일보다 사적인 일에 더 이롭다.

출행(出行)

사위의 출행 여부 吉.凶?

豫題 11. 辛巳年 己亥月 庚辰日(空 申酉) 癸未時 (卯將)
命 - 乙巳　年 - 壬寅　晝占

丙	○	庚
ヒ 子	青 申	玄 辰
辰	子	申 ○

庚	丙	丙	○
玄 辰	ヒ 子	ヒ 子	青 申
庚 申	辰	辰	子

丁 貴 丑 巳	戊 后 寅 午	己 陰 (卯) 未	庚 玄 辰 申 ○
丙 ヒ 子 辰	庚辰日 5局		辛 常 巳 酉 ○
乙 朱 亥 卯			壬 白 午 戌
甲 合 戌 寅	○ 勾 酉 丑	○ 靑 申 子	癸 空 未 亥

課象分析

1. 일간을 사람(여행자), 일지를 방위로 보고, 현재 지진 상신 子는 일간을 탈하고, 일간의 死氣이다. 음신 申은 청룡이 승하고, 일간의 덕•록을 가지고 있어 본질적으로 吉하다. 그런데 유감스럽게도 낙공이 되어 출행에서의 무익하고 밝지 않음을 나타낸다.

2. 3과에서 발용한 子는 일간을 탈기하고 둔귀가 일간을 극한다. 『畢法賦』 69法에서 「虎(蛇)乘遁鬼殃非淺」이라 한다. 중•말전은 공함이 되어 「不行傳者考初時」로써, 초전으로 만 정단을 한다. 초전은 등사가 승하고, 암귀는 일간을 극하여, 이는 필히 災禍가 발생하는 상이다.

3. 간상에 현무가 승한다. 이를 「실로(失路)」라 하여, 도로에서 길을 잃고 헤매는 조짐(상)이다. 발용 등사 子가 승하여, 「엄목(掩目)」이라 하여, 모든 것이 보이지 않는 상이다. 종합하여 판단하면, 도로에서 방향을 잃고 헤매는 상이 된다.

4. 왜, 무엇 때문에 차 사고라 했는가? 원인은 발용 子는 천마로, 일반적으로 자동차를 가리킨다. 또한 등사가 승하여, 암귀가 되어 일간을 극하기 때문에, 차 사고와 같다. 중전이 공망이 되어, 「절요(折腰)」허리가 부러지는 상이고, 말전은 공함이 되어, 이 또한 「절족(折足)」이라 한다. 중전의 申은 "身"과 동일하여 몸으로 본다. 허리 및 대퇴부의 상처가 있는 것으로 보이는 상이다.

5. 본인 본명 巳의 상신 丑은 비록 귀인이지만, 일간의 묘신이다. 3전이 삼합으로 자손국을 형성하여, 일간의 귀살을 제극한다. 그러므로 생명이 위험하다거나 우려할 정도는 아니다.

· 重審課
· 瀾下格
· 和美格
· 不備格
· 斬關格

畢法賦의 해석과 과전 적용

	해 석	과전 적용
82법	**不行傳者考初時** 중 • 말전이 모두 공망이 될 때 초전만을 가지고 길 • 흉을 판단한다.	3전에서 초전인 子를 제외한 중전 申은 순공, 말전 辰은 함공이 된다. 이 때 초전 子로만 정단하는데, 주의할 점은 그 시류를 잘 따라야 한다는 것이다.
52-2	**神藏殺沒格** 甲 • 戊 • 寅 3일에서 丑 • 未가 亥에 임하면 가장 적당하다. 모든 모망사가 형통하다.	천지반도에서 현무에 未가 가해졌다. 이 때 이를 신장살몰(神藏殺沒)이라 한다.

출행(出行)

하교 후 집에 오지 않는다?

豫題 12. 辛巳年 庚子月 丙辰日(空 子丑) 己亥時 (寅將)
命 - 丁卯　年 - 庚辰　夜占

庚	癸	甲
申 合	亥 貴	寅 玄
巳	申	亥

庚	癸	己	壬
申 合	亥 貴	未 勾	戌 匕
丙 巳	申	辰	未

庚 申 合 巳	辛 酉 朱 午	壬 戌 匕 未	癸 亥 貴 申
己 未 勾 辰	丙辰日 10局		○ 子 后 酉
戊 午 青 卯			○ 丑 陰 戌
丁 巳 空 寅	丙 辰 白 丑 ○	乙 卯 常 子 ○	甲 寅 玄 亥

課象分析

1. 부모를 점자(占子)로 보고, 육합을 자손의 유신으로 본다. 이로써 지진이 장소가 된다. 지금 육합이 일간의 상신에 임했다. 아들이 외출했음을 알려준다. 지상신 未는 자손효로 구진이 승하고 있다. 이를 인역(人驛)이라 하여, 일이 생겼음을 나타내는 조짐이다.

2. 禍(사고)가 일어난 방향은? 육합이 巳의 支에 임했다. 지진 또한 그 방위이다. 따라서 동남방이다.

3. 출주자(出走者)의 행년은 지진과 대체로 좋다. 또 육합이다. 자손효는 간•지와 대체로 균등하게 좋다. 未는 도로이다. 행년상신 未는 命상신 午에 가하여 이정(里程)을 나타낸다(노정). 즉 午는 9, 未는 8이 서로 가하여 17키로이다. 따라서, 17키로 좌.우에 있다. 또한 육합 申이 장생에 임했다. 손효는 왕지에 임하고, 이는 필히 편안함을 나타낸다.

4. 언제 돌아올까? 귀인이 역치(逆治)하고, 3전이 체생(遞生)을 하여 일간으로 온다. 이는 돌아오는 상이다. 돌아다니는 神이 戌로 未에 계신(季神)이 加하였다. 속히 돌아오는 상이다. 또한 천강 辰이 丑에 加하여, 이 또한 계신(季神)으로, 나간 사람은 머지않아 돌아온다.

5. 말전 역마가 冲이 되는 육합유신, 冲이 될 때를 기다리는 시기이다. 다음날 丁巳 육합 초전이 응기(應期)이다.(巳日에 돌아 온다.)

- 重審課
- 病胎格

畢法賦의 해석과 과전 적용

	해 석	과전 적용
31법	**三傳遞生人擧薦** 3전이 모두 갈마질하여 일간을 생하는 것. 즉, 초전→중전→말전→일간생 말전→중전→초전→일간생 이는 모든 정단이 길하며 만사형통의 상이다. 단 질병정단을 제외한다. 타인의 천거에 의한 吉한 작용을 한다.	초전 申이 중전 亥를 생하고, 중전 亥는 말전 寅을 생하고, 말전은 일간 丙을 생한다. 모든 일에 반드시 타인의 추천으로 인한 도움이 있다.

출행(出行)

자식 가출의 吉.凶?

豫題 13. 壬午年 辛亥月 乙酉日(空 午未) 乙酉時 (卯將)
命 - 酉　行 - 亥　夜占

辛	乙	辛
卯 玄	酉 合	卯 玄
酉	卯	酉

丙	壬	辛	乙
戌 朱	辰 常	卯 玄	酉 合
乙 辰	戌	酉	卯

丁 亥 匕 巳	戊 子 貴 午 ○	己 丑 后 未 ○	庚 寅 陰 申
丙 戌 朱 辰	乙酉日 7局		辛 卯 玄 酉
乙 酉 合 卯			壬 辰 常 戌
甲 申 勾 寅	○ 未 青 丑	○ 午 空 子	癸 巳 白 亥

課象分析

1. 선봉(先鋒)인 酉時에 육합이 승하고, 아들의 본명인 酉와 같고, 일간의 祿神인 卯와 冲을 하고, 또한 일간을 극한다. 祿인 卯는 지상에 현무를 승하고 있고, 육합인 酉와 冲剋을 하고 있다. 이는 아들이 차를 구매하는데 헛돈을 쓴 상이다. 즉 卯는 차로 보고, 祿으로 보며, 財이다. 현무는 耗費(탈모, 손모)의 상으로, 모친이 허락하지 않는 상이다. 따라서 아들은 성질을 부리고 집을 나갔다. 간•지교차상해의 상으로 바르게 응할 수 없는 상이다.

2. 발용 卯는 차를 나타내고, 둔간 辛은 암귀로 일간을 극한다. 이는 차를 사고자 하는 마음에 압력을 받는다. 課는「반음(反吟)」,「삼교(三交)」를 득해, 문호음사모자무정지조(門戶陰私.母子無情之兆)이다. 또 간상신과 지상신은 육합을 하고 있다. 끝에 가서는 다시 모여 좋은 의미를 가지고 있다.

3. 반음과의 主는 외출했다가 반드시 되돌아오는 상이다. 천간 辰이 四季神 戌에 加해졌다. 여행신인 戌 역시 四季神인 辰에 加해졌다. 행인은 속히 돌아오는 상이다. 조만간 만날 것이다. 天乙이 逆治는 돌아옴이다. 천반의 일간 지반은 辛卯를 득했다. 비록 둔귀가 일간을 극하고 있으나, 卯는 일간을 극하지 못한다. 또한 행년 천문 亥는, "돌아온다" 이다. 지상에서 발용하여 지상 卯로 돌아온다. 행인은 반드시 돌아오는 상이다.

4. 3전과 4과가 떨어지지 않고, 발용 卯와 간상 戌이 육합이다. 행인이 반드시 돌아올 상이다. 응하기를 현재 집 근처 범위에 있다. 또한 여행유신 戌이 辰에 加하고, 역마 亥가 巳에 임했다. 행인은 필히 동남방향에 있다.

5. 命상신 卯와 年상신 巳는 로정(路程)을 가리킨다. 즉 卯는 6, 巳는 4로, 도합 10리 근처에 있어, 감반(減半)하여 응한 거리는 5리 좌. 우 이다. 간 • 지상신 음 • 양신이 육합을 하고 있다. 행인이 이곳에 머무르는 상이다.

6. 언제 귀가할 것인가? 3전이 서로 冲하고, 말전이 합처(合處)에 귀가일로 잡는다. 다음날(丙戌日)반드시 귀가한다.

- 反吟課(無依格)
- 龍戰格
- 祿彼玄脫格

畢法賦의 해석과 과전 적용

	해 석	과전 적용
8법	**權攝不正祿臨支** 일간의 록신이 지상에 임할 때이다. 나의 록이 타인에게 가는 격으로 모든 일에 타인의 굴욕을 받는다. 모든 나의 권한이 유명무실해진다. 이는 록을 손실하기 때문이다.	일간 乙일의 록은 卯이다. 일지상신에 卯가 임해있다. 또한 현무가 승하여 록현탈격(祿玄脫格)이 되어 나의 록을 모두 타인에게 빼앗긴다.
22법	**上下皆合兩心齊** 간 • 지상신이 육합을 이룬 것이다. 吉事에 유리하고 병송(病訟)에 흉하다.	일간상신 戌과 일지상신 卯가 서로 육합관계에 있다. 또한 일간기궁 辰과 지진 酉도 육합을 하고 있다.
69법	**虎乘遁鬼殃非淺** 백호가 처한 둔간에 호귀, 즉 암귀가 임한 경우이다. 매사 두렵고 화(禍)가 갈수록 깊어진다.	초전 卯에 현무가 승하고 둔간이 辛으로 일간을 극하고 있다. 일반적으로 백호가 승한 둔간을 이야기하나, 현무 역시 백호와 같이 본다.(주의할 것)

출행(出行)

가출한 아이가 돌아올 수 있을까?
온다면 몇 시 언제쯤?

豫題 14. 辛巳年 丁酉月 丁亥日(空 午未) 己酉時 (太乙 巳將)
孫 - (命-戊辰 年-乙卯) 夜占

○	辛	丁
陰 未	空 卯	朱 亥
亥	未○	卯

辛	丁	○	辛
空 卯	朱 亥	陰 未	空 卯
丁未	卯	亥	未○

己 勾 丑 巳	庚 青 寅 午○	辛 空 卯 未○	壬 白 辰 申
戊 合 子 辰	丁亥日 5局		癸 常 巳 酉
丁 朱 亥 卯			○ 玄 午 戌
丙 匕 戌 寅	乙 貴 酉 丑	甲 后 申 子	○ 陰 未 亥

課象分析

1. 자손의 유신을 예측할 때 육합을 유신으로 보고, 지금 일간의 孫爻가 未土 과전에 입전하여 吉하다. 그러나 아끼는 자손의 자리는 공망이다. 또한 육합인 子水가 墓地에 앉아있다. 불길한 상이다. 삼전이 亥卯未 상황으로 부모국(局)을 이뤘는데, 자손 점에서는 불리하다. 삼전합국이 합회하여 동행지상(同行之象)을 이룰 만하다. 초•중이 공함(空陷)이고, 말전에 실제 정마(丁馬)가 승하여 서북지역으로 갔을 것이다.

2. 천강 辰이 사맹(四孟) 申에 가했고, 여행유신 육합인 子水가 四季神인 辰에 가했다. 행인이 늦어진다. 귀인은 순행을 하고, 卯행년을 다스리는 亥가 卯의 上神이 되어 일간을 극하고, 행년상신 亥도 일간을 극한다. 또한 일간상신 卯의 둔간 辛金이 일간상신 행년 卯木을 극하여, 돌아오지 못하는 상이다.

3. 자손유신인 未土가 순공이 되고, 亥에 주작이 승하여, 「투강(投江)」이라 한다. 소식이 없는 상이다. 또한 과전이 섭해과이다. 간난지상(艱難之象)의 상이다. 유신이 공망이 되고 입묘로 향하고 행년 또한 四季神인 未土에 임했다. 육합인 子水(본명상신)가 天鬼와 死神을 병(並)하고 있으며, 未土(자손효)공망 또한 좌묘향(坐墓向)으로 있고, 3전에 초전이 상문이고, 중전이 조객으로 도저히 흉을 해결할 수가 없다.

이를 근거로 단언하면, 손자는 피해(피살) 가능성이 크고, 돌아오기 힘들 뿐이다.

- 涉害課(察微格)
- 曲直格
- 不備格

畢法賦의 해석과 과전 적용

	해 석	과전 적용
29법	**眷屬豊盈狹居宅** 3전이 일간을 생하고 반대로 일지를 脫함을 뜻한다. 主는 식구는 많고 거처는 비좁다. 넓은 집으로 이사를 하면 재난과 해를 당한다.	3전인 未・卯・亥가 三合을 하여 일간인 丁을 생하고 그 반대로 亥를 탈기하는 모습이다.
95법	**六爻現卦防其剋** 3전이 局을 이룰 때는, 그 害를, 즉 극을 당하는 六親을 잘 살펴야 한다. 따라서 害를 당하는 육친은 그 害를 구(救)하는 天神이 없으면 害를 받는다.	3전이 未・卯・亥의 木局으로 육친이 자손효를 다치게 하여 일지 상신 未를 상하게 하고 있다. 그러나 傳에는 구제(救制)신인 金이 존재하지 않는다. 따라서 자손의 피해가 있다.

출행(出行)

손자는 언제 귀가할 수 있나?

豫題 15. 癸未年 乙卯月 戊申日(空 寅卯) 丁巳時 (戌將)

命 - 丁卯　年 - 壬午　晝占

○	戊	癸
陰 卯	靑 申	貴 丑
戌	卯○	申

庚	○	癸	丙
合 戌	陰 卯	貴 丑	白 午
戊巳	戌	申	丑

庚 合 (戌) 巳	辛 朱 亥 午	壬 匕 子 未	癸 貴 丑 申
己 勾 酉 辰	戊申日 8局		○ 后 寅 酉
戊 靑 申 卯○			○ 陰 卯 戌
丁 空 未 寅○	丙 白 午 丑	乙 常 巳 子	甲 玄 辰 亥

課象分析

1. 일간을 존장(尊長)으로, 일지를 卑.幼(낮은 사람과 아이)로 한다. 현재 支와 干의 손효가 부합되어 자손점을 나타낸다. 간지상신은 서로 상형(相刑)을 하는데, 이는 父子가 모순된 상이다. 干은 바깥, 支는 안쪽으로, 자손 또는 육합을 어린아이로 본다. 현재 육합은 일간상신에 정확하게 응해, 손자가 화가 나서 가출한 형상이다.

2. 육합의 음신은 卯이다. 卯는 차를 나타내고 태음이 승했다. 자동차를 타고 있는 상이다. 자동차인 卯가 발용한다. 어느 곳으로 갔는가? 支가 소재의 방위이다. 지금 支인 申은 卯인 자동차의 음신으로 청룡을 승하고 있다. 외출자(행인)는 서남쪽에 있다(청룡이 입전 申에, 그리고 타향이다). 본명상신 申은 7이고, 행년상신 亥는 4를 득하여 11數이다. 따라서 이를 응하여 정단하면, 서남방 110리 좌.우 이다.

3. 과전〈元首〉과는 吉하고, 과전의 鬼는 순공이다. 3전은 吉將을 갖추고 있다. 命상신이 자손효로 음신은 귀인이 승한다. 따라서 정단하면, 행인은 편안하게 있음을 알 수 있다.

4. 천강 辰 여행유신이 四孟神에 임했다. 主는 늦은(지체) 귀가이다. 즉 행인은 당일에는 못 돌아온다. 말전이 宅에 보충이 되어 행인은 필히 귀가한다.

5. 돌아올 시기는 발용 卯가 간상 戌과 육합하여 戌 육합이 冲하는 시기를 기다려 정단하면 다음날 己酉가 초전 卯와 冲을 하여 酉날이 돌아올 날이다. 그 밖에 다른 一法으로 가출기간이 짧다. 이로써 出門時 점일의 천지반을 조성하면 辰下神 이 응기이다. 즉 卯(出門時)加申이 되어, 卯加申으로 오면 辰下酉가 되어 酉日에 귀가한다.

- 元首課
- 斬關格

畢法賦의 해석과 과전 적용

	해 석	과전 적용
88법	干支乘墓各昏迷 간 • 지상신이 모두 묘신을 복(覆)하는 경우를 말하며, 모든 정단이 순탄치 못하고 하사불성(何事不成)이 된다.	일간상신 戌은 일간의 묘신이고, 일지상신 丑은 일간 申의 묘신이 된다. 마치 구름 위를 걷듯 매사 혼미하고 불성(不成)하는 상이다.
82법	不行傳者考初時 중 • 말전이 모두 공망이 될 때 초전만 가지고 그 길 • 흉을 판단한다.	초전 卯는 순공, 중전 申은 함공이고 말전 丑만 살아있다. 이때 말전 만으로 길 • 흉을 판단하는데, 원래는 중 • 말전이 공망으로 표기되나, 3전 중 초 • 중전이 공망일 때도 이법이 적용될 수 있다.

출행(出行)

어린아이는 돌아올 수 있을까?

豫題 16. 甲申年 戊辰月 癸未日 酉時(酉將)
書占

丁	甲	癸
陰 丑	白 戌	勾 未
丑	戌	未

丁	丁	癸	癸
陰 丑	陰 丑	勾 未	勾 未
癸 丑	丑	未	未

辛 朱 巳 巳	壬 合 午 午	癸 勾 未 未	○ 青 申 申 ○
庚 匕 辰 辰	癸未日 1局		○ 酉 空 酉 ○
己 貴 卯 卯			甲 白 戌 戌
戊 后 寅 寅	丁 陰 丑 丑	丙 玄 子 子	乙 常 亥 亥

課象分析

1. 복음과의 主는 돌아오는 길이 멀다. 간상 둔간의 丁馬가 발용하였다. 또 과전이 四季神으로만 이루어져 있다. 「유자과(遊子課)」이다. 어린아이가 출행에 희롱을 뜻하는 상이다.

2. 발용이 일간에서 지상으로 歸宅이 되어 행인은 반드시 돌아온다. 천강 辰은 四季神에 加하였다. 따라서 행인은 오늘은 만나지 못한다.

3. 역마 巳, 천마 申은 서로 과전에 입전하지 못했다. 또한 천마는 공망이다. 『畢法賦』 96法에서 「순내공망축류추(旬內空亡逐類推)」라 하여, 공망은 失期를 띠고 있다. 다음날 甲申日 천마가 해공이 되면, 귀가시간을 보면 午시에 귀가한다. 그 이유는 간지가 상충을 하고, 冲支에 合을 기다리면 된다. 말전의 합처(合處)가 귀가시기이다.

• 伏吟課(自任格)

畢法賦의 해석과 과전 적용

	해 석	과전 적용
75법	**賓主不投刑在上** 4과3전에 삼형을 보거나, 간지상에 刑이 있는 것을 말한다. 즉 辰•午•酉•亥 와 子卯형이나 3전에 寅巳申•丑戌未의 형이다. 크고 작은 불화가 있는 상으로 모망사는 어그러지고 서로 이심(異心)을 갖거나, 소송은 형벌을 받는다.	3전에 초전 丑, 중전 戌, 말전 未로 삼형으로 구성되어 있다. 또한 3전에 寅巳申의 삼형도 마찬가지이다.
26법	**水日逢丁財動之** 水일, 즉 壬癸일 날 丁馬를 만나면 재물이 빠르게 움직인다. 壬.癸水일에 丁神은 財星이 되기 때문이다.	일간상신 丑의 둔간에 丁馬가, 음신 역시 丁馬가 있고, 또한 초전 역시 丁馬가 봉해졌다.
89법	**任信丁馬須言動** 복음과의 3전, 간•지에 순내(旬內)의 丁馬•天馬•驛馬 를 만나는 것이다. 主는 조용함 속에서 움직임을 구하는 것으로, 주의해야 할 것은 복음과 라 하여 복지부동해야 한다는 것으로 보아서는 않된다.	과전도상, 정마 丁丑, 역마 辛巳, 천마 申 등이 있으나 입전한 것은 丁丑으로 丁馬에 속한다. 복음 과라 할지라도 움직임을 나타낸다.
24법	**我求彼事干傳支** 초전이 간상에서 시작되고, 말전이 지상으로 돌아오는 것을 말한다. 내 것을 타인에 주는 격으로, 무리하게 일을 만들거나 행하면 타인에게 굴복하여 도움을 청할 수밖에 없다.	초전 발용 丑은 바로 간상 丑에서 시작된다. 또한 말전 未는 지상으로 다시 돌아와 앉는다. 본 해석에서는 반드시 돌아올 수 있다 라고 해석하면 적당할 것 같다.

3장

투자정단

(投資正斷)

투자(投資)

광산에 투자한다면 성공할 수 있을까?

豫題 17. 辛巳年 戊戌月 壬戌日(空 子丑) 寅時 (卯將)
命 - 乙未　年 - 子　夜占(借客抽占)

癸	○	○
亥 空	子 白	丑 常
戌	亥	子

○	○	癸	○
子 白	亥 空	亥 空	子 白
壬 亥	子 ○	戌	亥

戊 午 匕 巳	己 未 朱 午	庚 申 合 未	辛 酉 勾 申
丁 巳 貴 辰	壬戌日 12局		壬 戌 青 酉
丙 辰 后 卯			癸 亥 空 戌
乙 卯 陰 寅	甲 寅 玄 丑	○ 丑 常 子	○ 子 白 亥

課象分析

1. 점을 볼 때, 채광인(광산사업자)을 일간으로 보고, 광산을 일지로 본다. 현재 戌鬼土 산 속에 (암장)으로 金(辛)이 있어, 마치 산중에 광석이 있는 모습으로 보이고 있지만, 유감스럽게도 지상의 일록인 亥에 천공이 승한다. 이는 支를 파 (破) 하는 것으로 支를 상하게 한다. 이를 「자취난수(自取亂首)」라 한다. 자취난수는 재록을 피파(被破)하는 모양이다. 간 • 지상신은 라망(羅網)을 逢하고 있어 범사에 막힘이 많다. 오로지 정수(靜守)만이 살길이다. 움직여 일을 도모하기에는 불리하다.

2. 간상신 子水는 양인에 백호가 승하고 순공이다. 干의 음신 丑鬼 또한 공망이다. 지상신 亥水는 日의 祿으로 天空이 승했다. 지음신 子역시 순공이다. 실제로 4과 모두 공망으로 볼 수 있다. 『畢法賦』 74法에서 「공공여야사휴추(空空如也事休追)」라 한다. 모든 財는 이루어지지 않는 상이다.

3. 발용은 일록이고, 둔간은 폐구에 천공이 승했다. 중 • 말전 또한 공망을 봉했다. 삼전이 전부 공망을 갖추고 있고, 水局으로 모여 일간의 겁재(劫財)이다. 4과 3전이 모두 財가 출현하지 않았다. 또 년명 상에도 역시 재신이 보이지 않는다. 구재정단에서 財를 구할 수 없다. 3전이 비록 삼기연주격(三奇連珠格)이라 하더라도 모두 공망이다. 『畢法賦』에서 "진여공망(進恕空亡)은 退步함이 마땅하다" 하였다. 마땅히 퇴보함이 옳다. 진행해서는 안 된다. 또 課의 불비(不備)로 뜻을 이루기 어렵다. 과전이 서로 흉장을 타고 백호 양인이 干에 임했다. 모든 일은 놀라움과 걱정이 많다. 또 순수(旬首)인 寅에 현무가 승했다. 역시 폐구과를 이루고, 그러므로 (이내) 아연 광산은 입을 꽉 닫고 있는 상이다. 구재를 득할 수 없다. 그러므로 여기서 일을 끝내야 한다. 그렇지 않으면 투자금 손실을 의심치 않을 수 없다.

- 重審課
- 進連株格
- 閉口格
- 亂首格(自聚)
- 不備格
- 三奇格
- 廻還格

畢法賦의 해석과 과전 적용

	해 석	과전 적용
74법	**空空如也事休追** 이른바 3전이 모두 공망이 되는 것이다. 진연주과와 퇴연주과 에서 많이 나타난다. 모든 일에 전혀 실의(實意)가 없으며, 질병이나 소송정단에서는 근심과 의혹사에 좋다. 만약 초・중전이 공망이고 말전이 천공이 승해도 같이 보아준다.	초전은 亥에 천공이 승하고, 중전 子에 순공이, 말전 丑에 순공・함공이 같이 있다. 이런 경우 해석과 같이 초전 亥의 천공을 공망으로 보아, 3전이 모두 공망으로 보아준다. 또한 4과 역시 일간상신 子는 순공, 음신 丑은 순공・함공, 일지상신 亥는 천공이 승하고, 음신 子 역시 순공이다. 이 역시 일지상신 亥의 천공을 공망으로 보고 4과 모두 공망이 되는데, 4과전공격(四課全空格)이라 하여, 모든 일이 드러나지 않음을 나타낸다.

	해 석	과전 적용
17법	**進茹空亡宜退步** 3전의 진연주는 전진하는 상이다. 그러나 3전이 모두 공망 일 때이다. 빈 메아리만 있고 실의(實意)가 없다. 따라서 후퇴는 마땅하고 전진은 나쁘다. 단 후퇴 중에 간지나 연명상에 祿이 보여도 허성이다.	초전 亥에 천공, 중전 子에 순공, 말전 丑에 순공•함공 으로 3전이 모두 공망이면 후퇴가 마땅하고 전진은 어렵다.
8법	**權攝不正祿臨支** 일간의 록신이 지상에 임할 때이다. 나의 록이 타인에게 가는 격으로 모든 일에 타인의 굴욕을 받는다. 모든 나의 권한이 유명무실해진다. 이는 록을 손실하기 때문이다.	일간기궁 亥가 일지상신으로 올라가 있다. 나의 록이 타인에게 가는 격이다. 또한 지반에서 내전(극)을 당하면 난수격(자취난수)이 되어 본인이 모든 일에 어려움을 겪는다.
55법	**所謀多拙逢羅網** 간상신이 간전(干前) 1辰이고, 지상신이 지전(支前) 1辰이다. 또한 이를 두고 천라지망(天羅地網)이라 하며 12국에서 나타난다. 움직이지 말고 자리를 지킴이 좋다.	일간상신 子는 일간기궁 亥의 前 1辰이고, 일지상신 亥는 일지 戌의 前 1辰이 된다. 하늘의 철그물에 옥죄는 상이다.

투자(投資)

투자 가능하겠는가?

豫題 18. 辛巳年 庚子月 己未日(空 子丑) 巳時 (丑將)
命 - 己酉　　年 - 庚子　書占

乙	癸	己
合 卯	后 亥	白 未
未	卯	亥

乙	癸	乙	癸
合 卯	后 亥	合 卯	后 亥
己 未	卯	未	卯

○ ヒ (丑) 巳	甲 朱 寅 午	乙 合 卯 未	丙 勾 辰 申
○ 貴 子 辰	己未日 5局		丙 巳 辰 申
癸 后 亥 卯			戊 空 午 戌
壬 陰 戌 寅	辛 玄 酉 丑○	庚 常 申 子○	己 白 未 亥

課象分析

1. 간 • 지상신과 초전이 육합으로 구성되어 있다. 가까운 사람끼리의 투자법인(동업)의 상이다. 간 • 지상신인 卯에 육합이 승하고 귀살이 되어 일간과 일지를 극한다. 삼전은 또 합국을 이루어 간 • 지를 극한다. 彼此全損(서로 손해 보는)상으로 보인다. 간 • 지는 각 死氣를 띠고 있다. 마땅히 휴식해야 하는 상이고, 움직여 모할 때는 불리한 상이다. 따라서 마땅히 재투자는 불가한 것이다.

2. 귀살이 발용이 되어, 비록 중전에 財가 있으나 애석하게도 폐구(閉口) 재가 되고, 또 귀살을 도와 자신을 상하게 한다. 財를 쉽게 구하기 어렵다. 일간의 록은 천공이 승하고 墓에 앉았다. 양 귀인이 모두 공함이다. 모든 것을 의지할 곳이 없는 것이다. 파재(破財)가 되고 자본금을 날리는 것을 의심할 여지가 없다.

3. 酉命상신 巳火에 승한 청룡은 財의 신이고, 귀살을 化(설기)해 일간을 생한다. 年상신 申金은 구신(救神)이다. 또한 태상이 승한 길장이다. 年命은 길함을 갖추고 있다. 청룡인 巳財는 역마를 가지고 폐구 財인 亥를 冲하고 있고, 귀살을 설하여 일간을 生해 준다. 역마는 주로 움직임이 많다. 따라서 마땅히 법인(동업)에서 빠져 나오든지, 아니면 매도(賣掉)를 해야만이 조금이라도 손실을 만회할 수 있다.

- 元首課
- 曲直格
- 狡童格

畢法賦의 해석과 과전 적용

	해 석	과전 적용
40법	**后合占婚豈用媒** 천후와 육합의 조합이다. 간 • 지에 천후 • 육합이 승할 때이다. 主는 부부가 사정(私情)을 통한다.	일간상신 卯에 육합이 승하고, 음신과 일지음신 亥에는 천후가 승한다. 또한 초전 卯와 중전 亥에 각각 육합과 천후가 승해 있다. 이는 교동격(狡童格)으로 남자가 여자에게 먼저 손을 내미는 격이 된다.
80법	**人宅皆死各衰羸** 간 • 지상 모두에 사신이 임해 있거나 교차사신이 임하는 경우이다. 모든 일은 불리하고, 질병은 사망하고, 병문안과 상가집 출입은 나쁘다.	일간상신 卯는 일간기궁 未의 사신이 되고, 일지상신 卯 역시 지진 未의 사신이 된다.
84법	**合中凡殺密中砒** 3전이 합국을 이룰 때, 일신(一神)이 간 • 지상과 刑 • 冲 • 破 • 害 가 될 때 主는 모든 모망사는 성취 도중 실패를 본다. 속되게는 남이 내 등에 칼을 꽂는 격이다.	3전이 卯亥未의 木局으로 삼합을 한다. 그러나 삼합 중에 일간음신 亥와 일지음신 亥가 각각 삼합의 亥와 자형(自刑)을 한다.
63법	**彼此全傷防兩損** 일간상신은 일간을 극하고, 일지상신은 일지를 극해, 일진이 모두 극을 당할 때이다. 송사정단은 양벌에 해당되고, 가택정단은 가택이 무너지며, 교역정단에서는 반드시 서	일간상신 卯는 일간 己를 극하고, 일지상신 卯 역시 일지 未를 상하게 하고 있다. 간지 모두 극을 받고 있다.

	해 석	과전 적용
63법	어긋남이 있다.	
28법	**傳鬼化財錢險危** 3전이 局을 이루어 모두 귀살이지만 전속에 財가 있을 경우, 그 財를 취하려다 財로 인한 재앙을 맞는다. 따라서 그 財는 버림이 마땅하다.	3전에 卯亥未로 일간의 鬼局을 형성하고 있다. 그 중 중전 亥가 일간의 財가 된다. 이 때 亥를 취하면 財로 인한 재앙이 발생한다. 따라서 그 財를 버림이 마땅하다.

투자(投資)

식당사업의 전망은? 동업자들과의 관계는?

豫題 19. 庚辰年 庚辰月 癸巳日(空 午未) 申時 (戌將)
命 - 乙未　年 - 辛亥　晝占

○	乙	丁
朱 未	勾 酉	空 亥
巳	未 ○	酉

辛	癸	○	乙
陰 卯	貴 巳	朱 未	勾 酉
癸 丑	卯	巳	未 ○

○ 朱 未 巳	甲 合 申 午 ○	乙 勾 酉 未 ○	丙 青 戌 申
○ 匕 午 辰	癸巳日 11局		丁 空 亥 酉
癸 貴 巳 卯			戊 白 子 戌
壬 后 辰 寅	辛 陰 卯 丑	庚 玄 寅 子	己 常 丑 亥

課象分析

1. 일간을 사람, 일지를 일에 대한 동업자로 본다. 지금 간상 卯는 태음을 승하여 干을 탈기하고 있다. 이는 한 쪽만 감싸고 있는 상으로, 독단적으로 행하는 불량한 상이다. 일간의 음신 巳는, 귀인이면서 財를 형성하고 있다. 求財에서 유리하다. 支의 辰은 巳財이며, 상신 未는 주작를 승하고 있다. 귀살로 干을 극하고 있다. 다행히 지음신 酉는 귀살 未를 인종하여 일간을 생하고 있다. 이는 화해(化解)가 된다. 그렇지만 酉는 일간의 패신(敗神)이고 구진이 승해있다. 또한 주작과 같이 보고있다. 귀살이 3, 4과에 임하면 구설 • 시비를 면하기 어렵다.

2. 일간상신은 일지를 생하고, 지상신은 일간을 극한다. 손해를 보는 상이다. 간 • 지상신 음신이 각자 삼합을 한다. 合中 서로 극하는 형상, 실제로 서로 合하여 모순지상(矛盾之象)의 형태이다. 전중(傳中) 초 • 말전과 간상신이 모여 亥卯未 木局을 형성하여 일간을 탈하고, 일지를 생한다. 이것은 비용의 신으로 이 점포에서 애태우는 것으로, 支課(3,4과)의 공함으로 많이 잃고 적게 얻는 것으로, 수입보다 지출이 큰 상이다.

3. 3전의 초 • 중전이 공함이 되고, 말전에 천공이 승하였다. 『畢法賦』에서 「3전이 공망이 되면 일을 쉬고 추진하지 않는다.」 말하고, 또 3전에 財神이 보이지 않는다. 오직 말전의 둔간인 丁만이 일간의 財이다. 또한 말전 亥는 역마이며 일간의 겁재이다. 그리고 일간음신 巳인 귀인 財와 冲을 한다. 그러므로 활기가 호전되기 어려움을 알 수 있다.

4. 본명 未 상신 酉는 패기(敗氣)이다. 다행인 것은 일간을 생한다. 행년 亥 상신 丑은 태상이 승하여 鬼가 되어 일간을 극한다. 태상은 음식점을 말한다. 따라서 음식점을 지속하기는 어렵다. 과전은 순음격(純陰格)이다. 한

편으로 어둡고 가라앉는 형상이다. 따라서 동업이 깨지고 끝남을 알 수 있다.

- 遙剋課(蒿矢格)
- 根斷原肖格
- 勵德格
- 進間傳格(入冥格)

畢法賦의 해석과 과전 적용

	해 석	과전 적용
45법	**晝夜貴加求兩貴** 육처에 밤.낮 귀인이 서로 加하는 것으로, 귀인을 구할 때는 양 귀인에 부탁하여 구한다. 또한 귀인을 알현하고자 하면 귀인을 만나지 못한다. 하지만 관직자는 귀인을 만날 수 있나. 이는 관식사가 관직자를 만나는 격이다.	간상 卯는 癸일의 밤 귀인이 되고, 음신 巳는 癸일의 낮 귀인이 된다. 이렇게 과전상 주.야 양 귀인이 나타나는 것을 말한다.
52법	**罡塞鬼戶任謀爲** 이른바 辰은 천강이고, 寅은 귀호(鬼戶)이다. 일반적으로 辰이 寅에 加하는 것으로 천강이 귀신문을 막는다. 이는 4과 3전을 벗어나도(천지반도에 있어도) 강색귀호(罡塞鬼戶)라 하여 무리귀살이 노	과전도에는 없으나 천지반도에 나타나 있는 辰/寅을 나타낸다.

	해 석	과전 적용
52법	리지 못한다. 음모, 사적인 기도, 문상 • 문병, 약 짓기와 부적 쓰기에 좋다. 특히 甲 • 戌 • 庚일이면 더욱 좋다.	
74법	**空空如也事休追** 이른바 3전이 모두 공망이 되는 것이다. 진연주와 퇴연주과에서 많이 나타난다. 모든 일에 전혀 실의(實意)가 없으며, 질병이나 소송 정단에서는 근심과 의혹사에 좋다. 만약 초 • 중전이 공망이고, 말전이 천공이 승해도 같이 보아 준다.	3전의 초전 未는 순공이고, 중전 酉는 함공이 되며, 말전 亥는 천공이 승했다. 이 경우 말전 亥의 천공도 공망으로 보아준다. 여기서 주의할 점은 단순하게 천공유신만 보고 공망이라 보면 않된다. 천공은 천공이 가지고 있는 자신의 유신이 있기 때문이다.

투자(投資)

화물운송사업에 발전이 있겠는가?

豫題 20. 壬午年 癸丑月 己丑日(空 午未) 酉時 (丑將)

命 - 辛亥　　年 - 丁酉　晝占

乙	己	癸
合 酉	后 丑	白 巳
巳	酉	丑

丁	辛	癸	乙
匕 亥	玄 卯	白 巳	合 酉
己 未	亥	丑	巳

乙 合 酉 巳	丙 朱 戌 午○	丁 匕 亥 未○	戊 貴 子 申
甲 勾 申 辰	己丑日 9局		己 后 ㊀丑 酉
○ 青 未 卯			庚 陰 寅 戌
○ 空 午 寅	癸 白 巳 丑	壬 常 辰 子	辛 玄 卯 亥

課象分析

1. 선봉(先鋒) 酉는 둔귀를 가지고, 일간을 탈한다. 일의 실마리가 불길해 보인다. 일간기궁 未가 공망이 되어, 자신의 힘이 결핍되어 있다. 간상 亥는 일간의 財로 등사를 승하고 역마와 丁馬이다. 운송업무에 근근이(애써) 돈을 벌고 있음을 뚜렷이 나타나고 있다. 다만 財인 亥가 정마와 역마의 2馬를 같이 가지고 있다. 돈에 어렵게 집착하는 상이다(벌기가 어렵다). 간 • 지상신과 음신이 서로 冲을 한다. 그러므로 이 업은 동업자간 경쟁이 치열함을 알 수 있다.

2. 간 • 지음신은 대표적으로 자기주변(곁) 사람을 나타낸다. 지금 간음신 卯는 귀살로 현무를 타고 干을 극한다. 바로 내부에 소인의 재화를 도적질하는 상이다. 그러므로 돈으로부터 압력을 받음을 알 수 있다. 마음 적으로 점자가 번뇌 • 불안함을 알 수 있다. 지상 巳는 백호가 승하여 일간을 생하고, 백호는 도로(道路)이다. 현재 도로에서 생계를 이어주는 것이다. 음신 酉는 육합을 승하여 일간을 탈도(脫盜)하고, 또 둔귀 乙은 일간을 상하게 한다. 분명히 경영에 불리하게 나타나는 조짐이다. 지음신은 삼합으로 金局을 형성하여 일간을 탈하고, 양음신도 삼합 木局으로 支에 극을 당한다. 타인은 강하고, 나는 약한 상이다.

3. 발용 문호(門戶) 酉는 둔귀 乙로 일간을 극하고, 또한 육합이 승하여 內戰이 있다. 『畢法賦』에서 「월장에 내전이 逢하면 재물소모의 위험이다.」 모든 일이 어지럽고 우려할 일이다. 중전 丑은 일간과 비화하여 겁재이다. 이는 금년 8월 현재 재산을 손실하고 도적 맞는 것을 알 수가 있다. 말전 巳는 비록 생계를 꾸린다 해도 아쉽게도 백호가 승하여 흉장이고 폐구이다. 생계가 가능하지 못하다. 삼 전 신장(神將)이 모두 內戰을 한다. 내부가 모순되고, 해결할 수 있는 방법이 없다.

4. 본명 亥 상신 卯는 귀살이며 현무를 승하고 일간을 상하고 있다. 탈을 면하기 어렵다. 행년 酉 상신 丑은 행년의 墓이고, 둔간 己는 일간과 비화 겁재이다. 흉이 함께 증가하는 상이다. 다행히 행년상신 丑이 墓神이지만 월장이다. 광명의 상이고 좋은 흐름이다. 3전이 巳酉丑 金局 從革으로 干을 탈한다. 허모백출(虛耗百出)이다. 마땅히 밥그릇(솥단지)을 바꾸어 옛 것을 바꾸고 개혁해야 한다.

5. 섭해과를 득해서 害가 깊다. 오랫동안 탈모(脫耗)를 알 수 있다. 3전은 합중범살(合中凡殺)이다. 모든 관계되는 일 들은 연루되어 있는 상이다. 4과는 순음이다. 침체되고 어두운 상이다. 마땅히 모든 일을 닫고 결절(結絶)해야 하는 일이다. 방만한 것이 다시 만나 害가 심해진다. 내년 계미년에 행년은 戌이다. 상신 寅은 귀살로 태음이 승한다. 어둠 속에 소인이 財의 害를 준다. 후년, 甲申행년은 亥이다. 상신 卯는 귀살에 현무가 승하여 도적 맞고 미쳐 날뛴다. 어질러짐이 크다는 것을 의심할 여지가 없다.

- 涉害課
- 從革格

畢法賦의 해석과 과전 적용

	해 석	과전 적용
84법	**合中凡殺密中砒** 3전이 합국(合局)을 이룰 때, 일신(一神)이 간지상과 刑・冲・破・害가 되는 경우로 主는 모든 모망사는 성취 도중 실패를 본다. 속되게는 남의 등에 칼을 꽂는 격이다.	3전이 酉・丑・巳로 金局으로 삼합을 하고 있으나, 지음신 酉와 자형(自刑)을 하고 있다.
6법	**六陰相繼盡昏迷** 육처(사과삼전)가 모두 陰으로만 구성되어 있는 조합으로, 謀하는 일은 公的인 일은 해롭고, 私的인 일은 吉하다.	4과 중 간상은 亥, 그 음신은 卯, 지상은 巳, 그 음신은 酉로 구성되고, 3전 초전은 酉, 중전 丑, 말전 巳로 모두 음(陰) 六陰으로 구성되어 있다.
86법	**將逢內戰所謀危** 육합이 발용일때 지반에서 천반을 극하고 천반에서 다시 천장을 극하는 것으로 모망사는 불리하다. 이는 각 천장의 종류에 따라 판단하면 된다.	초전 酉는 지반 巳로부터내전(극)을 당하고, 천반 酉는 육합(乙卯)을 내전(극)을 한다. 이런 경우를 나타낸다.

※ Tip : 섭해과에 대한 오해와 진실

섭해과의 견기・찰미・철하격은 극수를 다루지 않고 일반적으로 4맹신, 4중신, 4계신 으로 나누어 초전 발용하는 것을 많이 볼수 있다. 이는 섭해과의 본질이 아니다. 섭해과는 반드시 극을 나누어 맹・중의 구별이 있어야 하겠다. 반드시 섭해의 본질인 극수를 계산해야 할 것이다.

투자(投資)

사업이 이루어질까?

豫題 21. 癸未年 丁巳月 甲午日(空 辰巳) 寅時 (酉將)
命 - 己酉　年 - 庚子　晝占

丁	○	己
朱 酉	玄 辰	勾 亥
寅	酉	辰 ○

丁	○	辛	丙
朱 酉	玄 辰	空 丑	ヒ 申
甲 寅	酉	午	丑

庚 青 子 巳	辛 空 丑 午	壬 白 寅 未	癸 常 卯 申
己 勾 亥 辰	甲午日 6局		○ 玄 辰 酉
戊 合 戌 卯			○ 陰 巳 戌
丁 朱 酉 寅	丙 ヒ 申 丑	乙 貴 未 子	乙 貴 未 子

課象分析

1. 일간을 사람(경영주), 일지를 화물로 본다. 금일 일간 甲은 휴수하고, 상신 酉는 일간의 귀살이면서 주작이 승하고, 둔간에는 丁馬가 승하여 干을 극하고 있어 불길하다 볼 수 있다. 일간의 음신 辰 역시 일간의 財星이나, 공망이고 귀향(鬼鄕)을 향하고 현무를 승하여 귀살을 도우니 일간을 傷하고 있다. 현무는 곧 도적이나, 재성에 현무가 승하여 귀살화 하고 있다. 따라서 사업의 시작 전에 극도로 어긋나 파재(破財)가 되어 도적을 방지해야 함을 알 수 있다.

2. 일지는 화물을 나타낸다. 갑일(甲日) 지상신 丑은 일간의 財星으로 천공이 승해 있고 또 둔간은 암귀를 나타낸다. 지음신 역시 등사에 鬼神이 되며 역마가 되어 일간을 상하게 한다. 따라서 알 수 있는 것은 財를 구성하는 요소는 모든 것이 후손(朽損)하다는 것을(손해를 줄 수 있음을) 알 수 있다.

3. 발용 酉는 제1과에서 발용되었다. 외부에서의 일이다. 중•말전이 공망이 되어있다. 초전으로 정단을 해야 한다. 초전 酉는 귀살에 주작이 승하여 정신이 되어있다. 교통사고를 조심해야 한다. 또한 행년 子의 상신 未에 귀인이 승해있다. 생명에는 위험이 없다고 볼 수 있다. 본명 酉상신 辰은 財星으로, 공망으로 현무가 승하여, 잃어버림과 도적과 破財를 면할 길이 없다.

- 四絶格
- 元首課

畢法賦의 해석과 과전 적용

	해 석	과전 적용
82법	不行傳者不考初時 중•말전이 모두 공망이 될 때 초전만 가지고 그 길•흉을 판단한다.	3전에서 초전 酉를 제외한 중전 辰은 순공이 되고 말전 亥는 함공이 된다. 이 때 공망된 중•말전을 제외한 초전 酉로만 정단하는데, 주의할 점은 그 시류를 잘 따라야 한다는 것이다.
64법	夫婦蕪淫各有私 이른바 교차극(交車剋)이다. 主는 부부가 서로 불화의 상이다.	일간상신 酉와 일지 午가 극을 하고, 일지상신 丑과 일간 甲이 극을 하고 있다.

투자(投資)

현재 돈을 벌 수 있겠는가?

豫題 22. 癸未年 戊午月 甲子日(空 戌亥) 巳時 (申將)
命 - 癸巳　　年 - 丙辰　書占

壬	○	丙
匕 申	勾 亥	白 寅
巳	申	亥 ○

己	壬	丁	庚
陰 巳	匕 申	常 卯	后 午
甲 寅	巳	子	卯

<table>
<tr><td>壬
匕 (申)
巳</td><td>癸
朱 酉
午</td><td>○
合 戌
未</td><td>○
勾 亥
申</td></tr>
<tr><td>辛
貴 未
辰</td><td colspan="2" rowspan="2">甲子日
10局</td><td>甲
青 子
酉</td></tr>
<tr><td>庚
后 午
卯</td><td>乙
空 丑
戌○</td></tr>
<tr><td>己
陰 巳
寅</td><td>戊
玄 辰
丑</td><td>丁
常 卯
子</td><td>丙
白 寅
亥○</td></tr>
</table>

課象分析

1. 간상을 사람, 지상을 차로 보고, 금일은 子水이다. 지상신은 태충 卯木으로 차를 나타낸다. 또한 卯는 둔간에 丁馬를 승하고 있어, 실제 차(자동차)의 상을 나타낸다. 일지의 음신 승광 午는 火로, 즉 전기를 나타낸다. 즉 연소성이 있는 차를 나타낸다. 또한 일지상신 卯에 태상이 승하여 점포를 나타낸다. 기름판매점이나 영업용 자동차를 운영하는 것을 알 수 있다.

2. 일간상신 巳火는 일간을 탈하고, 지상 卯木은 일지를 탈한다. 『畢法賦』 35法에서 「인택수탈다실모(人宅受脫多失耗)」 "즉 사람과 가택이 모두 수탈을 당하여 失耗가 크다"라고 나와 있다. 따라서 여기서 알 수 있는 것은 수입이 지출을 따라가지 못하고 있다.

3. 일간의 음신 申金은 등사 鬼가 되어 발용이 되고, 일지음신 午火 역시 일간을 탈기하고 있다. 간 • 지 상 • 하 역시 서로 相刑을 하고 있다. 따라서 견주어 알 수 있는 것은 脫耗가 심하게 있음이다. 마음도 불안하고 압력이 상당히 뒤따른다.

4. 전체 과전에서 財神을 볼 수 없다. 오로지 행년상신 辰의 貴人財에 의존하고 있다. 다만 본명상신 申金은 월장이 되어 등사를 승하고, 일간을 극하고 있다. 財가 변하여 鬼로 변하는 상이다. 또한 중전의 장생 亥는 순공이 된다. 말전 덕 • 록 또한 공함이 되어, 유일하게 초전 申金인 蛇鬼 만이 실속이 있다. 『畢法補談』에서 「백호나 등사를 逢하면, 그 害가 더욱 가임된다」하였다. 다행히 초전 申金은 월장을 만들고 있어 그 흉이 감소될 수 있다. 3전은 체생(遞生)을 이루고 있다. 그러나 애석하게도 중전이 순공이고, 말전이 공함이 되니, 「보는 것이 보는 것만 못하다」, 그러므로 진퇴양난임을 알 수 있다. 立冬後, 중전 亥水가 장생으로 임할 때(해공이 될 때), 마치

좋아지는 듯하나, 내년이 되면, 甲申年 태세가 鬼가 되어 입전이 되면서 일간을 상하게 된다. 결국은 필연적인 보이지 않는 결과를 초래한다.

• 重審課

•元胎

畢法賦의 해석과 과전 적용

	해 석	과전 적용
15법	**脫上空脫防虛詐(밤정단일 때)** 일간이 상신을 생하고 상신이 천장을 생할 때, 일간은 모든 것을 탈기당한다. 모든 정단에서 심하게 탈모를 당하여 속임을 당하고 실속 없게 되는 상이다.	일간 甲일에서 상신 巳에 탈기를 당하고, 그 상신 巳는 현재 과전도에 없지만 밤천장인 태상(戊辰)에 또한 탈기를 당한다. 이 경우에는 허실을 방비해야 한다.
35법	**人宅受脫俱招盜** 조합은 일진이 서로 상신에 탈을 당하는 것이다. 主는 재물을 도난당하고 수탈당하므로, 이를 방비해야 한다.	일간상신 巳와 일지상신 卯는 서로 각각 일간 甲과 일지 子를 탈하고 있다. 간•지가 모두 탈을 당하므로 도적을 방비해야 한다.

투자(投資)

투자가 가능하겠는가?

豫題 23. 癸未年 乙卯月 丁未日(空 寅卯) 未時 (戌將)
命 - 壬寅　年 - 丁未　夜占

辛	庚	庚
亥 陰	戌 后	戌 后
申	未	未

庚	癸	庚	癸
戌 后	丑 常	戌 后	丑 常
丁 未	戌	未	戌

戊 申 匕 巳	己 酉 貴 午	庚 戌 后 未	辛 亥 陰 申
丁 未 朱 辰	丁未日 10局		壬 子 玄 酉
丙 午 合 卯			癸 丑 常 戌
乙 巳 勾 寅	甲 辰 青 丑	○ 卯 空 子	○ 寅 白 亥

課象分析

1. 春占에서의 일간의 왕상의 기세가 있다. 그러나 애석하게도 墓神이 복일(覆日)을 하고 있고, 과전의 7개의 土가 일간을 탈하고 있다. 짐작컨대 크게 손실을 보는 형상이다. 또한 발용된 亥水는 휴수하다. 과거에 투자된 것을 알 수 있고, 아직 투자가 안 된 상태이다.

2. 간 • 지상신은 戌로 魁星으로(하괴) 참관(斬關)이 되어 있다. 또 과전은 팔전이다. 柔日 팔전은 줄어들고 지리하며 의심의 여지가 있다. 따라서 막히고 불순함을 알 수 있다.

3. 발용 亥는 일간의 덕신이면서 귀살이 된다. 간상인 戌土에 의해 制를 당한다. 중 • 말전 戌土로 쌍묘(雙墓)로써 일간을 탈하고 있다. 일간 하나에 7土가 있어, 자본이 잠식당할 수 있다. 간상 戌墓에는 천후가 승하고 있다. 이를 「건위(蹇幃」라 한다. 고통 • 신음의 상이다. 다행히 戌土는 월장이 되어 흉을 감소시킬 수 있다. 간 • 지 음 • 양이 丑戌未 三刑으로 이루어져 있다. 「刑」 者 「傷」이라 상하고 재앙이 있음을 알 수 있다. 본명 寅상신 巳火는 양인(羊刃)이 되고, 일지 역마인 亥와 冲을 하여 발용이 되었다. 또한 행년 未 상신인 戌土는 일간의 묘신을 逢하고 있다. 「墓」 者 入醫院의 상이다(아플 상이 될 수 있다). 또한 3월 辰 상신에 未戌刑을 보고, 또 未月에 丑戌未의 삼형을 본다. 또한 토왕(土旺)절의 일간을 설(泄).탈(脫)하고 있다. 정확히 3월에는 혈광지사(血光之事)의 상이 발현된다.

- 八傳課(帷薄不修格)
- 斬關格

畢法賦의 해석과 과전 적용

	해 석	과전 적용
59법	**華蓋覆日人昏晦** 지진의 화개(寅午戌-戌, 亥卯未-未, 申子辰-辰, 巳酉丑-丑)가 일간의 묘신을 만들어서 간상에 임하는 것으로, 모든 정단에서 사람은 많이 어둡고 어리석어서 명백하게 밝히기 어렵다.	일간 丁상신 戌은 일간의 묘신으로 화개살(華蓋殺)이 된다(일반적인 화개살). 따라서 매사 혼미하여 명백히 밝히기 어려운 상황이 된다.

투자(投資)

산림개발 도급에 돈을 벌 수 있겠는가?

豫題 24. 癸未年 丁巳月 甲辰日(空 寅卯) 戌時 (申將)
命 - 乙未　年 - 甲寅　夜占

○	壬	庚
寅 ヒ	子 后	戌 玄
辰	寅 ○	子

壬	庚	○	壬
子 后	戌 玄	寅 ヒ	子 后
甲 寅	子	辰	寅 ○

○ 卯 朱 巳	甲 辰 合 午	乙 巳 勾 未	丙 午 青 申
○ 寅 ヒ 辰	甲辰日 3局		丁 未 空 酉
癸 丑 貴 卯 ○			戊 申 白 戌
壬 子 后 寅 ○	辛 亥 陰 丑	庚 戌 玄 子	己 酉 常 亥

課象分析

1. 일간 甲木 상신 子水가 패기(敗気)를 만들어 일간을 생하여, 아직은 吉하다. 또 음신 戌土 財星이 되나, 현무가 승한다.「현탈재(玄奪財)」, 즉 탈재를 당하는 상이다. 失脫이 있을 가능성과, 하물며 戌財는 암귀를 가지고 있다. 財를 득하기 어려운 상황이다.

2. 일간의 록이 支에 올라 支를 傷하게 한다.「권섭부정(權攝不正)」이라 하고, 타인에게 몸을 굽혀 재물을 구하는 상황이다. 또한 안타깝게도 일간의 록인 寅이 공망을 逢하고, 흉장인 등사가 승해있다. 지상 양과(兩課) 공함(空陷)으로 되어 있다. 소모하는 상을 나타낸 것이다. 재를 구할 수 없다.

3. 3전은 초 • 중전에 공함이다. 따라서 말전으로만 정단해야 한다. 현재 말전 戌土는 마치 財를 득할 수 있을 것 같다. 그렇지만 財가 말전(末傳)인 사람은 어렵다. 또 戌財는 현무가 승하고 둔귀가 되어 있다. 財가 鬼로 化하는 조짐이다. 안전하게 편안히 財를 득할 수 없다.

4. 3전이 역간(逆間)전으로 범사에 막힘이 많다. 課는 불비(不備)를 득하였다. 모든 일을 뜻대로 할 수 없다. 본명 未의 상신 巳는 구진을 승하고 일간을 탈하고 있다. 행년 寅의 상신 子는 인성(印星)으로 일간을 도와주고 있다. 변체(變體)로 하나는 길하고, 하나는 흉하다. 그렇지만 財星을 볼 수 없다. 財를 구하기 어렵다. 그러므로 재물을 휴손(虧損)하는 것을 의심치 않는다.

• 涉害課
• 退間傳格

畢法賦의 해석과 과전 적용

	해 석	과전 적용
8법	**權攝不正祿臨支** 일간의 록신이 지상에 임할 때이다. 나의 록이 타인에게 가는 격으로, 모든 일에 타인의 굴욕을 받는다. 모든 나의 권한이 유명무실해진다. 이는 록을 손실하기 때문이다.	일간 甲의 록은 寅이다. 일지상신에 寅이 승하고 일록이 공망이 되어 있다. 식록사(食祿事)는 어려워지고 나의 록을 타인에게 빼앗기는 격이 된다.
82법	**不行傳者考初時** 중•말전이 공망이 되거나 초•중전이 공망이 되어 공망된 傳을 제외하고 초전이나 말전으로 그 길•흉을 판단한다.	초전 寅은 순공, 중전 子는 함공이고, 말전 戌만이 살아있다. 이때 말전으로만 길•흉을 판단하는데, 고진감래의 상으로 되어 있으나 말전의 시류에 따라 변할 수 있다.

투자(投資)

건물청부업에 이익이 있겠는가?

豫題 25. 乙酉年 癸未月 庚申日(空 子丑) 亥時 (午將)

命 - 壬子　　年 - 己亥　書占

壬	丁	○
合 戌	常 巳	ヒ 子
卯	戌	巳

乙	壬	乙	壬
陰 卯	合 戌	陰 卯	合 戌
庚 申	卯	申	卯

○ ヒ 子 巳	○ 貴 丑 午	甲 后 寅 未	乙 陰 卯 申
癸 朱 亥 辰	庚申日 6局		丙 玄 辰 酉
壬 合 戌 卯			丁 常 巳 戌
辛 勾 酉 寅	庚 青 申 丑○	己 空 未 子○	戊 白 (午) 亥

課象分析

1. 일간의 財星인 卯가 간 • 지상에 가해있다. 마치 사람이 財를 취하는 듯해 보인다. 필재(必財)를 뜻하는 듯하다. 그러나 상신 卯는 태음이 승하고, 지반과 협극을 하고, 또 발용인 하괴와도 협극으로 만나고 있다. 『畢法賦』에서 말하기를 「초전이 협극이 되면 자기마음대로 되지 않는다」. 이로써 알 수 있는 것은 본인의 마음대로 이루어지지 않는다.

2. 일간과 일지는 각 墓에 앉아있다. 『畢法賦』 87法에서 「인택좌묘감초회(人宅坐墓甘初晦)」라고 하여, 각자 암매를 뜻하고, 卯加申을 「작륜(斫輪)」이라 한다. 현재 酉年 未月 申酉日 과를 득할 때, 실제 金이 태과(太過)하여 바퀴(작륜)를 상하게 하고, 본인에게도 불리하다. 또한 財星인 卯木은 휴수하여 협극이 된다. 그러므로 버는 돈보다는 쓰이는 돈이 더 많아진다.

3. 4과가 모두 하적상을 하고 있다. 「무록(無祿)」과 라 한다. 구재에 있어 뜻대로 되지 않는다. 또한 양 귀인 丑 • 未가 모두 공망이 된다. 기쁨이 모두 허사이다. 또한 초전은 하괴 戌이 되고, 중전은 丁馬에 귀살이 된다. 『畢法賦』 25法에서 「금일봉정흉화동(金日逢丁凶禍動)」이라 하여, 움직여 일을 모하는 것은 불길하다 볼 수 있다. 말전 子는 일간을 탈하고 공망이 된다. 모든 일에 결과가 없다. 3전이 무익하고 본인의 의지와 관계없이 편안할 수가 없다. 본명 子의 상신 未에는 천공이 승하고, 행년상신 亥의 상신인 午는 귀살이 승하고 있다. 모든 행위가 불길하다. 또한 과체가 2개과 밖에 없으므로 모든 일이 불완전한 불비를 이루고 있다. 또한 卯木인 財星은 휴수하여 협극이 되고 있다. "썩은 나무에 조각을 할 수 없는 상황"이 된다. 그러므로 마땅히 직업 변경을 생각해야 한다.

• 知一課

• 龍戰格

畢法賦의 해석과 과전 적용

	해 석	과전 적용
50법	二貴皆空虛喜期 밤 귀인과 낮 귀인이 모두 공망이 되는 경우이다. 귀인에게 약속을 받아도 후에 타인에 의해 방해가 된다. 또한 양 귀인이 공망이 되면 모두 허성으로 진실이 없고 거짓됨을 알 수 있다.	庚申일 낮 귀인은 丑이고 밤 귀인은 未이다. 천지반도에서 낮 귀인 丑은 순공이 되고 밤 귀인 未는 지반공망(함공)이 된다. 따라서 주•야 모든 귀인이 공망이 된다.
87법	人宅坐墓甘招晦 천반, 지반이 모두 지반의 묘신 위에 앉는 것으로 모든 일에서 스스로 화를 부르고 암매해 진다.	일간기궁 申과 일지 申 모두 丑에 가하여져 묘신을 깔고 있다. 간•지 모두가 묘신을 보기에, 매사 화를 부르고 암매해 진다.
85법	初遭夾剋不由己 초전이 지반에 극을 당하고 천장에도 극을 당하여 내외전이 되어 협극을 당하는 것을 말한다. 主는 모든 모망사는 뜻대로 되지 않고 타인의 명령을 받는다. 그러나 흉신이 협극을 받으면 재앙은 없다.	초전 戌이 지반 卯에 내전을 당하고 있다. 또한 천장인 육합(乙卯)이 외전을 한다. 협극의 형태이다.

4장

취업 · 승진정단

(就業 · 昇進正斷)

취업 · 승진(就業 · 昇進)

진급할 수 있겠는가?

豫題 26. 己卯年 甲戌月 戊申日(空 寅卯) 巳時 (辰將)

命 - 丙申　年 - 己丑　晝占

○	○	癸
朱 卯	匕 寅	貴 丑
辰	卯 ○	寅 ○

甲	○	丁	丙
合 辰	朱 卯	空 未	青 午
戊 巳	辰	申	未

甲 合 辰 巳	乙 勾 巳 午	丙 青 午 未	丁 空 未 申
○ 朱 卯 辰	戊申日 2局		戊 白 申 酉
○ 匕 寅 卯○			己 常 酉 戌
癸 青 丑 寅○	壬 后 子 丑	辛 陰 亥 子	庚 玄 戌 亥

課象分析

1. 일간이 왕상유기(旺相有氣)하여 기운이 세다. 그런데 간상 辰土는 일간의 묘신(水土同宮)으로 아름답지 못하고 혼매한 상이 되나, 다행히 괴강인 辰이 월장에 임하여 광명이 있는 상이다. 일간의 음신 卯木은 官星으로 주작이 승하여 발용하였다. 그러나 안타깝게도 卯인 관성은 순공이 된다. 다행스럽게 卯木 관성은 태세로써 공망으로 논하지 않는다. 따라서 올해 진급의 소식이 있을 수 있다.

2. 간 • 지상신이 서로 비겁(比劫)으로 동류(同類)를 이루고 있다. 필히 경쟁이 있는 것이다. 점사(占仕)는 반드시 중요한 관직의 벼슬 문제이다. 현재 양 귀인이 공함이 되어 있다(낮 귀인 丑은 공망이 되며 극을 당하고, 밤 귀인 未는 천공이 승했다.). 또 천강 辰이 일에 加하여 참관격이 된다. 하괴 戌은 亥에 加하여 막힘이 있어 진급의 어려움이 있을 수 있다. 진급이 진전하기 어려움을 알 수 있다.

3. 태세작(太歲作) 官星이 되어 발용 되는 것이 길상으로 보인다. 그러나 안타깝게도 초전이 공망이고, 중 • 말전이 공함이 되고 있다. 『畢法賦』 74法에서 「공공여야사휴추(空空如也事休追)」라 하여, 3전이 공망이 되면 일은 추진할 수 없다고 했다. 또 말전 丑에 귀인이 승하였으나 함공이 되고, 또한 둔간에 폐구가 되어 있다. 귀인이 힘을 득할 수가 없다. 그러므로 폐구가 끝나는 시기까지 어려움을 겪으며, 모든 것이 허허롭다.

4. 본명 申 상신인 未는 귀인이면서 천공이 승해있고, 행년 丑의 상신인 子는 일간의 財星을 만들고 있고 官을 生하여 주어 吉하다. 또한 태세 卯와 子卯형으로 무례지형(無禮之刑)이 된다. 3전이 퇴여공망(退茹空亡)이 되어, 『畢法賦』 18法에서 「각답공망진용의(脚踏空亡進用宜)」라 하여, 답각공

망이 되면 전진함이 옳다 했다. 또한 전진 前 1位인 辰은 일간의 축(逐)인 巳가 逢하고 있다. 그러므로 단정하건대, 다시 진취적 기회를 엿볼 수 있다.

• 元首課
• 斬關格

畢法賦의 해석과 과전 적용

	해 석	과전 적용
18법	**踏脚空亡進用宜** 이른바 퇴보 3전(퇴여격)이 공망이면 답각(踏脚)공망이라 한다. 답각공망이란 초전 卯와 중전 寅은 甲辰 순의 공망이고, 말전 丑은 甲寅 순의 공망으로, 말전 丑이 공망이 아니더라도 차순에서 공망됨을 말한다. 따라서 뒤로 향하더라도 실제의 뜻은 없고 성취 또한 없다.	3전에서 초전 卯는 甲辰 순의 공망이고, 중전 寅 역시 甲辰 순의 공망이다. 말전 丑은 그 다음 순인 甲寅 순의 공망이 되기에 답각공망이라 한다. 또한 퇴연주로 卯-寅-丑으로 구성된 경우, 공망이 되었을 때 답각공망이라 한다.
74법	**空空如也事休追** 이른바 3전이 모두 공망이 되는 것이다. 이는 진연주과와 퇴연주과에서 많이 나타난다. 모든 일에 전혀 실의(實意)가 없으며, 질병이나 소송정단에서는 근심과 의혹사에 좋다. 만약 초•중전이 공망이고 말전이 천공이 승해도 같이 보아준다.	초전은 卯 순공이고, 중전 寅은 순공이며 함공이고, 말전 丑 또한 함공이다. 3전이 모두 공망이 되는 격이다.

취업 · 승진(就業 · 昇進)

아들이 직업을 구할 수 있을까?

豫題 27. 己卯年 癸酉月 戊辰日(空 戌亥) 未時 (巳將)
命 - 庚戌　年 - 乙未　晝占

乙	○	癸
貴 丑	陰 亥	常 酉
卯	丑	亥 ○

丁	乙	丙	甲
朱 卯	貴 丑	匕 寅	后 子
戊 巳	卯	辰	寅

<table>
<tr><td>丁
朱 卯
巳</td><td>戊
合 辰
午</td><td>己
勾 (巳)
未</td><td>庚
青 午
申</td></tr>
<tr><td>丙
匕 寅
辰</td><td colspan="2" rowspan="2">戊辰日
3局</td><td>辛
空 未
酉</td></tr>
<tr><td>乙
貴 丑
卯</td><td>壬
白 申
戌 ○</td></tr>
<tr><td>甲
后 子
寅</td><td>○
陰 亥
丑</td><td>○
玄 戌
子</td><td>癸
常 酉
亥 ○</td></tr>
</table>

課象分析

1. 아버지가 아들의 직업 점을 본 것이다. 일간을 사람, 일지를 직업으로 본다. 이에 官星과 印星을 주요 용신으로 본다. 현재 간 • 지가 서로 수극(受剋)을 한다. 서로 상하는 상이 된다. 또한 교차상해를 하고 있다. 이로써 알 수 있는 것은, 즉 관청에서의 회답이 협조가 어려움을 나타낸다.

2. 간상 卯木은 官星이다. 비록 월파(月破)가 되더라도 태세가 卯이므로 논하지 않는다. 태세 卯는 주작이 승해 일간에 임했다. 큰일에 견줄 만하다. 이는 문장(文狀)이 중앙정부의 관청에 준하는 상이다. 또한 천을귀인이 순치(順治)하고 발용하였으며, 일지상신 寅은 귀인전으로 主는 일이 빠르게 진행된다. 중 • 말전은 공함이 되었다. 초전으로 정단을 해야 한다. 초전의 丑에 귀인이 승하여 귀인의 조력이 있음을 알 수 있다. 따라서 중앙부서에서 일이 빠르게 진행됨을 알 수 있다.

3. 본명 戌 상신 申金은 자손효로 백호가 승해있다. 지상 寅은 전년도 태세인 병부와 등사를 승하여 본명상신 申과 충 • 극을 하고 있다. 행년 未의 상신 巳는 구진을 승하고 있으나 월장을 作하고 일록이다. 또한 태세인 卯와 생조하여 일간을 생하고 있다. 대길의 상이다. 관인상생(官印相生)이 되는 것이다. 정단으로 보면, 직업의 일은 반드시 성사가 된다.

- 重審課
- 退連株格(極陰格)

畢法賦의 해석과 과전 적용

	해 석	과전 적용
63법	**彼此全傷防兩損** 일간과 일지가 모두 상신으로부터 극을 당할 때 나타난다. 송사정단이 될 때면 양 가는 모두 죄로 인하여 처벌을 받는다. 모든 정단에서 양쪽 모두 탄식이 있다.	일간상신 卯와 일지상신 寅은 각각 일간과 일지를 극하고 있다. 쌍방이 모두 벌을 받는 형상으로,로, 모망사는 불리하다.
58법	**用破身心無所歸** 정단일의 용신인 초전이 극을 당하거나 형극을 당하여 깨지는 것을 말한다. 용신을 쓰지 못하는 상이다.	초전 丑 귀인은 지반 卯로 부터 극을 당하여 용신이 손상된 상태이다.
64법	**夫婦蕪淫各有私** 내용은 교차극(交車剋)이다. 主는 부부가 서로 불화의 상이다.	일간상신 卯는 일지 辰을 극하고, 일지상신 寅은 일간 戊를 교차로 극을 하고 있다.
82법	**不行傳者考初時** 중•말전이 모두 공망이 될 때, 초전만을 가지고 그 길•흉을 판단한다.	3전 중, 중전 亥가 순공이고 말전 酉는 함공이다. 이 때 공망된 중•말전을 제외한 초전 丑으로만 정단하는데, 주의할 점은 그 시류를 잘 따라야 한다는 것이다.

취업 · 승진(就業 · 昇進)

인사이동 : 배치전환이 가능한가?

豫題 28. 辛巳年 庚子月 甲辰日(空 寅卯) 巳時 (寅將)
命 - 甲寅　年 - 癸巳　晝占

戊	乙	○
后 申	朱 巳	青 寅
亥	申	巳

辛	戊	癸	庚
常 亥	后 申	空 丑	玄 戌
甲 寅	亥	辰	丑

○ 青 ㊢ 巳	○ 勾 卯 午	甲 合 辰 未	乙 朱 巳 申
癸 空 丑 辰	甲辰日 4局		丙 匕 午 酉
壬 白 子 卯○			丁 貴 未 戌
辛 常 亥 寅○	庚 玄 戌 丑	己 陰 酉 子	戊 后 申 亥

課象分析

1. 인사 점사에서 사람을 일간으로, 일지는 일의 실체(진급 • 이동)로, 인성(印星)을 단위(크기)로 본다. 또한 官星을 직무 • 직명으로 본다. 일록은 봉급(봉록)으로 본다. 주작은 문서 및 사령장으로 본다. 정마 • 역마 • 천마의 3마와 청룡은 변동의 신으로 본다. 현재 일간이 왕상하고, 또 일간상신 亥水는 일간의 장생이 되고, 태상이 승하여 길장이 승해 있으므로 길조의 상징으로 본다. 그러나 안타깝게도, 일간의 음신인 申金이 귀살을 만들고 있다. 압력과 어둠에 묻히는 것을 알 수 있다. 다행히 亥水는 장생이 귀살과 견주고 있다. 지상 丑 財星은 천공이 승하고 둔간이 폐구로 되어 있다. 일지음신 戌 괴강은 財星으로 현무를 승하고 있다. 또한 현무는 도적의 신으로 둔간까지 암귀를 가지고 있다. 이 일은 금전이나 여인으로 인해서 일어나는 분명한 일이다. 일에 있어서 순조롭지 못하다. 내부적인 조성이 모순이 많다. 여기에 간 • 지는 교차상극이 되고 간 • 지음신이 서로(干; 亥-申害, 支; 丑-戌 刑) 刑 • 害를 하고 있다. 사람과 사람 관계에 있어, 필연 모순이 발생하고, 불화지상으로 이어진다.

2. 초전발용인 申은 천후를 승하여 일간의 음신에서 발용하였다. 반드시 여자와의 관계나 재무(금전)적 관계, 혹은 감정이 발생이거나, 모순되는 상황으로 압력이 있다. 천후의 지음신인 巳火태세이며 주작이 승해있고, 일간을 탈기하고 있다. 주작의 主는 시비구설이다. 또한 巳火태세는 중전에 加한다. 따라서 일 년 전, 즉 지나간 해에 취임문제 때문에 구설시비가 있었다. 중전 태세 巳는 간상 亥인 印星과 충동(冲動)을 한다. 따라서 알 수 있는 것은, 일찍이 그 자리에서 문제가 발생했다. 그러나

3. 말전 寅은 일간의 德 • 祿이면서 청룡이 승해 있다. 또 역마이다. 천마는 조동지상(調動之象)이다. 그러나 안타깝게 말전 寅木은 순공이 된다. 그

러나 다행스럽게 월장이 되어, 공망으로 논하지 않는다. 최종적으로 움직임의 상을 나타낸다.

4. 본인의 본명 寅상신 亥水는 장생이 되어 태상이 승해, 무장(武將)을 나타내고 있고, 또한 행년 巳상신은 寅木으로 2馬를 이루어 청룡이 승하여, 문관임을 나타낸다. 변체문인 年 • 命 모두 吉하게 이루고 있다. 상부의 이동의 뜻이 있다.

5. 응기(應期)는 발용 전 귀인이 되면 모든 일이 속성으로 이루어진다. 발용이 일진 전에 있으면, 역시 신속히 이루어진다. 또한 역마와 겁살(劫殺)인 申金이 입전하여, 일이 신속히 이루어진다. 또한 발용 子와 월건 子와 일진 辰과 申子辰 삼합으로 水局을 이루어 水旺할 때, 木이 動하여 이동할 수 있다. 그러므로 본 월(子月) 이동, 즉 진급을 할 수 있다.

- 遙剋課(蒿矢格)
- 元胎格

畢法賦의 해석과 과전 적용

	해 석	과전 적용
64법	**夫婦蕪淫各有私** 이른바 교차극(交車剋)이다. 主는 부부가 서로 불화의 상이다.	일간 甲은 일지상신 丑을 극하고, 일지 辰은 일간상신 亥를 극하여 교차극을 형성하고 있다.
38법	**閉口卦體兩般推** 1) 순수가 순미에 가해질 때, 즉 癸를 뜻한다. 2) 순수에 현무가 승하거나, 또는 순수 상신에 현무가 승하여 발용할 때, 일은 유・무의 상황을 말하지 못한다. 다시 말해서 물속에서 숨을 쉬는 격이다. 질병정단에서는 못먹어서 죽고 태산(胎産)정단에서는 벙어리를 출산한다.	일지상신 丑은 일간의 財星으로 폐구이다. 財의 역할을 할 수 없다.

취업 · 승진(就業 · 昇進)

취업이 되어 월급은 많이 받겠나?

豫題 29. 壬午年 丁未月 癸巳日(空 午未) 巳時 (午將)
命 - 戊午　　年 - 庚寅　晝占

○	甲	乙
朱 未	合 申	勾 酉
午	未 ○	申

庚	辛	○	○
玄 寅	陰 卯	ヒ 午	朱 未
癸 丑	寅	巳	午 ○

<table>
<tr><td>○
ヒ 午
巳</td><td>○
朱 未
午○</td><td>甲
合 申
未○</td><td>乙
勾 酉
申</td></tr>
<tr><td>癸
青 巳
辰</td><td rowspan="2" colspan="2">癸巳日
12局</td><td>丙
青 戌
酉</td></tr>
<tr><td>壬
后 辰
卯</td><td>丁
空 亥
戌</td></tr>
<tr><td>辛
陰 卯
寅</td><td>庚
玄 寅
丑</td><td>己
常 丑
子</td><td>戊
白 子
亥</td></tr>
</table>

課象分析

1. 일간을 사람, 일지를 지역으로, 지금 일간상신 寅木은 일간의 자손(子孫)이다. 또한 일간을 탈기하고 현무가 승하여 탈도(脫盜)의 신이다. 일간음신 卯木 또한 일간을 탈하고 있다. 이런 연유에 현재 점자는 걱정스럽고 힘을 빼앗기며, 실재(失財)의 상이다. 또한 일지는 일의 사정을 나타낸다. 지금 일지상신 午火는 財星으로 등사를 승하고 있다. 지음신 未土는 주작이 승해 있으면서 일간의 귀살로 발용되었다. 또한 제4과에서 발용하여, 「맥월(驀越)」이라 한다. 맥월의 주된 일은 뜻밖의 일이 된다. 빠른 시일 안에 소식을 들을 수 있음을 알 수 있다.

2. 선봉(先鋒) 巳火는 일간의 일덕이며 재신이다. 표면적으로 볼 때 좋은 것처럼 보인다. 그러나 巳재성의 둔간은 폐구이다. 폐구재가 되어 쉽게 재를 구할 수 없다. 간지상신 모두 라망(羅網)이 된다. 『畢法賦』에서 「라망을 봉하면 소모가 졸렬하다」하여, 취하는 것에 첫 번째의 손재가 있다. 3, 4과 공망 3전 중 성신(成神)이 있고, 장생 역시 공함이 된다. 한 번에 백(百)이나 조(兆)를 만들 수는 없는 것이다. 일지는 상대편 또는 소개인이 된다. 일지상 午 공망은 등사가 승하여 있다. 등사의 主는 변화이다. 따라서 중개인이 7백 원에서 천칠백 원을 취할 수 있는 것이다. 간 • 지는 교차상해를 하고, 또 지상 2과 午未는 子亥의 묘신이다. 재신은 공망이며 폐구이다. 그러므로 사업장에 가더라도 만족할 만한 임금을 받을 수 없다.

- 遙剋課
- 進連株格

畢法賦의 해석과 과전 적용

	해 석	과전 적용
55법	**所謀多拙逢羅網** 간상신이 간전(干前) 1辰이고, 지상신이 지전(支前) 1辰 이다. 또한 이를 두고 천라지망(天羅地網)이라 하여 12局에서 나타난다. 움직이지 말고 자리를 지킴이 옳다.	일간상신 寅은 일간기궁 丑의 前 1辰이 되고, 일지상신 午는 일지 巳의 前 1辰이 된다. 하늘의 철그물에 옥죄는 상이다.
17법	**進茹空亡宜退步** 3전의 진연주격에서 공망이 되면 앞으로 더 나아가지 말고 후퇴해야 한다. 해공을 기다려 행동함이 바람직하다.	3전이 未 • 申 • 酉 중, 초 • 중전인 未 • 申이 공망이고 말전 酉는 공향(空鄕)으로 가고 있다.
82법	**不行傳者考初時** 중 • 말전이 모두 공망이 될 때 초전만 가지고 그 길 • 흉을 판단한다. 혹은 초 • 중전이 모두 공망이 될 때 말전만 가지고도 그 길 • 흉을 판단해도 무방하다.	3전에서 초전 未와 중전 申은 공망이 된다. 이 때는 말전인 酉로 길 • 흉 판단을 한다. 주의할 점은 그 시류를 잘 따라야 한다.

취업 · 승진(就業 · 昇進)

직책을 얻을 수 있겠는가?

豫題 30. 壬午年 戊申月 戊午日(空 子丑) 酉時 (午將)
命 - 己亥　年 - 己酉　書占

甲	癸	庚
匕 寅	陰 亥	白 申
巳	寅	亥

甲	癸	乙	○
匕 寅	陰 亥	朱 卯	后 子
戊 巳	寅	午	卯

甲 匕 寅 巳	乙 朱 卯 午	丙 合 辰 未	丁 勾 巳 申
○ 貴 丑 辰	戊午日 4局		戊 青 (午) 酉
○ 后 子 卯			己 空 未 戌
癸 陰 亥 寅	壬 玄 戌 丑 ○	辛 常 酉 子 ○	庚 白 申 亥

課象分析

1. 간•지상 음•양신 모두 재(財)관(官)이다. 또 관귀(官鬼)작용을 하고 있다. 본명 상신인 申金에 백호가 승하였다. 따라서 명리(관직)에 서로 도움을 줄 수 있다. 또한 간•지상신이 명귀(明鬼) 등 4중으로 구성되어 있다. 또 일간상신 寅木은 귀살이면서 등사가 승해있다. 등사의 主는 허경불안(虛驚不安)이 된다. 따라서 눈앞에 매우 걱정이 되고, 놀랄 일과 불안한 마음이 있다.

2. 구관, 구직 점에서는 먼저 귀인이나 관인이 형성되어야 한다. 지금 간상신은 사귀(蛇鬼)이고, 일지상신은 작귀(雀鬼)이다. 관직을 구하는 점에서는 두렵지 않다. 그러나 애석하게도, 일간상신 寅木인 귀살은 양사(兩蛇)를 끼고 탈기를 당하고, 또 월파(月破)의 자리에 있다. 일지상신 卯木은 관성(官星)이지만 휴수하고, 또 일지를 생하고 있다. 관직 점에서 불리하게 발현되고 있다. 또한 타인이 관직에 임하는 격이다. 발용인 寅이 월파를 한다. 이를 「충파과(沖破課)」라 한다. 모든 일들은 파산 반복의 상이다. 3전이 체생을 하고 있다. 『畢法賦』 31法에서 「삼전체생인거천(三傳遞生人擧薦)」이라 한다. 그러나 초전이 깨졌기 때문에 체생은 이루어지지 않는다. 반드시 일의 막힘과 어려움이 있다. 고전에서 말하기를 「귀인좌옥난간귀(貴人坐獄難干貴)」라 하여, 즉 양 귀인이 辰•戌인 옥(獄)의 자리에 앉아 있다. 그러므로 일간의 귀인은 이익이 없다. 오로지 추천인이 피인파양 될 수 있다. 귀인의 조력이 어렵다. 따라서 관운은 어려움이 있다(도달할 수 없다). 관직 등용이 어렵다.

3. 본 과는 원수과를 득하였고 순의가 발용이 되었다. 년 酉의 상신 午火에 청룡이 승하고 태세이다. 또한 월장이기도 하다. 인성이면서 일간을 생하고 있다. 자신의 조건은 좋은 것이다. 진급함에는 모자람이 없다. 본명 亥의 상신 申金은 자손효로 백호가 승해있다. 또한 말전에 있으나 官星인 寅

木과 충 • 극을 하고 있다. 선봉문인 점시 酉金은 자손효로 지상 卯木관성과 충 • 극을 하고 있다. 그러므로 관직 승진의 희망이 없음을 알 수 있다. 따라서 직책을 얻지 못한다.

- 元首課
- 元胎課
- 六儀格

畢法賦의 해석과 과전 적용

	해 석	과전 적용
34법	**苦去甘來樂裏悲** 일간과 3전과의 생과 극의 관계에서 결정되는데, 일간의 귀살을 구제하는 구제신이 있을 때, 일에 있어 고진감래가 되거나 감진고래(甘盡苦來)가 될 수 있다.	3전 중, 초전 寅이 일간 戊의, 귀살이 되어 극을 하나, 말전의 申이 극제하여 구신(救神)이 된다. 이는 고진감래의 상이다.
38법	**閉口卦體兩般推** 1) 순수가 순미에 가해질 때, 즉 癸를 말한다. 2) 순수에 현무가 승하거나, 또는 순수상신에 현무가 승하여 발용할 때, 일은 유무의 상황을 알지 못한다. 다시 말해 물속에서 숨을 쉬는 격이다. 질병정단에서는 못 먹어서 죽고, 태산(胎產)정단에서는 벙어리를 출산한다.	일간의 음신 亥는 관성으로 폐구이고, 3전의 중전 亥 역시 관성에 폐구이다. 관성의 역할이 어려워진다.

취업 · 승진(就業 · 昇進)

직책을 얻을 수 있겠는가?

豫題 31. 壬午年 庚戌月 戊寅日(空 申酉) 未時 (寅將)
命 - 壬寅 年 - 辰 晝占

甲	壬	戊
合 戌	白 午	后 寅
寅	戌	午

丁	○	甲	壬
貴 丑	勾 酉	合 戌	白 午
戊 巳	丑	寅	戌

丁 貴 丑 巳	戊 后 寅 午	己 陰 卯 未	庚 玄 辰 申○
丙 匕 子 辰	戊寅日 5局		辛 常 巳 酉○
乙 朱 亥 卯			壬 白 午 戌
甲 合 戌 寅	○ 勾 酉 丑	○ 青 申 子	癸 空 未 亥

課象分析

1. 일간이 왕상의 득령이 되어있다. 간상 丑貴가 나에게 임한다. 지상은 순수가 왕기발용되었다. 3전이 체생하여 일진을 생조하고 있다. 본인의 여건이 갖추어 진 것을 알 수 있다. 따라서 조직 내에 귀인이 있어 나를 천거해주는 형상이다.

2. 일간음신 酉金은 干을 탈기하면서 공망이 된다. 헛 공약을 하는 상이다. 간•지상신이 相刑이 된다. 또「참관(斬關)」이 발용되어 있다. 모든 일이 막힘이 많고 불순하다. 3전은 합국이 되어 체생으로 일간을 생한다. 타인의 천거가 있는 상이다. 그런데 중전 午는 태세가 되나 간상 丑과 相害가 된다.「합중범살밀중비(合中凡殺密中砒)」라 하여 모든 일에 일간을 파양한다.

3. 선봉문 未는 간상 丑과 冲을 하고, 발용 戌과 刑을 하고 있다. 간상 丑 귀인에게 모두 불리하게 작용한다. 본명 寅은 상신 戌이 유일하게 순수가 되나 귀인 丑과 刑의 작용을 한다. 행년 辰上神 子는 일간의 재성이 되나 태세 午와 冲을 만들어 세파가 된다. 또한 중전 午와도 冲이 된다. 변화문도 균형이 깨져버린다. 다시 청룡이 공망에 가해진다. 관록이 공망이 되는 셈이다. 승천할 수 없다. 관운의 어려움을 나타낼 수밖에 없다.

- 重審課
- 炎相格
- 斬關格

畢法賦의 해석과 과전 적용

	해 석	과전 적용
84법	**合中凡殺密中砒** 3전이 합국(合局)을 이룰 때, 일신(一神)이 간·지상과 刑·冲·破·害 가 되는 경우로, 主는 모든 모망사는 성취 도중 실패를 본다. 속되게는 남이 내 등에 칼을 꽂는 격이다.	3전이 戌·午·寅 인 木局으로 형성되었으나, 일간상신 丑과 상형(相刑)을 하고 있다.
40법	**后合占婚豈用媒** 천후와 육합, 육합과 천후의 조합이다. 간·지에 또는 3전에 천후·육합이 승할 때, 主는 부부가 사정(私情)을 통한다.	초전 戌에 육합이 승하고, 말전 寅에 천후가 승해 있다. 일명 교동격(狡童格)이라 하여, 남자가 먼저 여자에 구애하는 상이다.
75법	**賓主不投刑在上** 4과3전에 삼형을 보거나 간·지상에 刑이 있는 것을 말한다. 즉 辰·午·酉·亥 와 子卯형이나 3전에 寅巳申, 丑戌未의 형이다. 크고 작은 불화가 있는 상으로, 모망사는 어그러지고 서로 이심(異心)을 갖거나 소송은 형벌을 받는다.	일간상신 丑과 일지상신 戌은 서로 상형(相刑)관계이고, 음신 酉와 일지음신 午도 각각 자형(自刑)을 지니고 있다.
82법	**初遭夾剋不由己** 초전이 지반에 극을 당하고 천장에 극을 당하여 내외전이 되어 형극이 되는 것을 말한다. 主는 모든 모망사는 뜻대로 되지 않고 타인의 명령을 받는	초전 戌은 지반 寅으로부터 내전(극을 받음)이 되고, 천장 육합에 의해 외전(극을 받음)이 되어 협극을 받는다. 협극을 받으면 모든 일이 본인

	해 석	과전 적용
82법	다. 그러나 흉신이 형극을 당하면 재앙은 없다.	의 의지나 의사를 반영하지 못한다.
31법	**三傳遞生人擧薦** 3전이 모두 갈마질하여 일간을 생하는 것, 즉 초전→중전→말전→일간생 말전→중전→초전→일간생 모든 정단이 길하다. 단 질병정단을 제외한다. 타인의 천거에 의한 길한 작용을 한다.	말전 寅이 중전 午를 생하고, 중전은 초전 戌을 생한다. 이는 모든 일에 반드시 타인의 추천으로 인한 도움이 있다.

※ Tip

체생격(遞生格)에서 체생한다는 것은 3전에서의 체생 뿐만 아니라, 반드시 일간까지 생해 주었을 때 체생격이 되는 것이다. 이를 꼭 주지하기 바란다.

취업 · 승진(就業 · 昇進)

진급하겠는가?

豫題 32. 壬午年 壬子月 戊寅日(空 申酉) 未時 (丑將)
命 - 壬戌　行 - 子 晝占

甲	壬	戊
合 戌	白 午	后 寅
寅	戌	午

丁	○	甲	壬
貴 丑	勾 酉	合 戌	白 午
戊 巳	丑	寅	戌

丁 貴 ㊉丑 巳	戊 后 寅 午	己 陰 卯 未	庚 玄 辰 申○
丙 匕 子 辰	戊寅日 5局		辛 常 巳 酉○
乙 朱 亥 卯			壬 白 午 戌
甲 合 戌 寅	○ 勾 酉 丑	○ 青 申 子	癸 空 未 亥

課象分析

1. 일간 戊土 휴수하다. 다행히 간상 丑 귀인과 정마가 일간을 생조하고 있다. 또한 丑에 귀인이 승한 것을, 「승당(升堂)」이라 한다. 승당은 추천에 의한 귀인을 영접하는 상이다. 관직점에서는 아주 吉하게 본다. 반드시 귀인의 내조가 있다. 지상 戌土는 육합을 승하여 발용하였다. 또한 3전이 체생하여 일간을 돕고 있다. 윗사람으로부터 추천을 받는 상이 된다. 그러나 일간음신 酉金이 순공이 되면서 탈기를 하고 있다. 또 「참관(斬關)」이 발용하였다. 간 • 지상신이 서로 相刑관계에 있다. 『畢法賦』 75法에서 「빈주불투형재상(賓主不投刑在上)」이라 한다. 여기서 알 수 있듯이 이는 진급과정 중에 필히 막힘이 있음을 알 수 있다. 조체(막히고) 경쟁하여 신에 의지할 따름이다.

2. 발용(초전)은 지상에서 되었다. 모든 일은 내부에서 일어난다. 초전은 협극이 일어난다. 『畢法賦』 85法에서 「초조협극불유기(初遭夾剋不由己)」라 한다. 내부에서 심사가 결정됨을 알 수 있다. 불가능을 의미하기도 한다. 이유인 즉, 3전체생하여 일간을 돕고, 또 3전이 합국을 이루어 일간을 생하고 있다. 그러나 중전 午火, 일간상신 丑 귀인과 서로 相害를 하고 있다. 구성이 합중범살(合中犯殺)이 된다. 천거인 중 타인이 반대를 하고 간섭을 한다. 만약 고시점이라면, 주작은 문장을 말한다. 현재 주작이 亥에 승하면 투강(投江)이라 하고, 문서에 하자가 있음을 나타낸다. 또 인성 午는 墓에 앉아 있고, 亥 주작은 지진 寅과 生合을 이루고 있다. 다행히 3전이 합국과 인성을 이루어 일지를 탈하고 일간을 생한다. 일간상신 丑土귀인은 월장이 되어 일간에 임한다. 만약 고시성적으로 보면 다른 경쟁자보다 앞섬을 알 수 있다. 상대보다 앞서 이길 수 있다. 귀인을 득하여 서로 돕는 상이다. 관직에 전도가 밝은 상이다.

3. 3전 중, 중전 午는 인성으로 태세를 봉하고 일간을 생한다. 그러나 子月의 월파를 봉하고 있다. 본 월에서의 태세와 冲이 되기 때문에 일의 어려움을 겪는다. 출월이 되어 冲이 되지 않는 시기에 일이 이루어질 수 있다. 본명 戌은 발용이 되고, 순수가 된다. 또 본명 戌의 상신 午火 태세이면서 백호를 승하여 최관사로 일간을 생하고 있다. 행년 子 상신의 申은 청용이 승해 있으며, 지진 귀살인 寅木과 冲剋을 하고 있다. 년명의 변체문은 모두 吉하다. 그러므로 冲이 되는 月을 지난 후의 점세는 우세하다(가능하다). 또한 북쪽의 상대로부터 귀인의 추천이 있다. 진급하는 것은 의심의 여지가 없다. 따라서 말전의 合支가 應期로, 亥가 成期이다.

※ Tip

본 장에서는 전 장과 똑 같은 4과 3전이 발현되었다. 이는 같은 여건에서 본명과 행녕과의 차이에 의해 전혀 다른 결과가 도출됨을 알 수 있다. 따라서 육임정단에서의 년명(年命)은 당락 및 성사 여부를 결정지을 수 있는 중요한 요소가 될 수 있다. 많은 정단인 중 점자의 년명을 빼고 정단하는 경우가 많은데, 이는 큰 오류를 범하는 것이다.

취업 · 승진(就業 · 昇進)

이직 가능한가?

豫題 33. 癸未年 丙辰月 丙子日(空 申酉) 未時 (酉將)
命 - 壬寅 行 - 未 晝占

庚	壬	○
青 辰 白	合 午 青	匕 申 合
寅	辰	午

癸	○	戊	庚
朱 未 勾	貴 酉 朱	白 寅 玄	青 辰 白
丙 巳	未	子	寅

癸 朱 未 勾 巳	○ 匕 申 合 午	○ 貴 酉 朱 未	甲 后 戌 巳 申 ○
壬 合 午 青 辰	丙子日 11局 (※夜天將取用)		乙 陰 亥 貴 酉 ○
辛 勾 巳 空 卯			丙 玄 子 后 戌
庚 青 辰 白 寅	己 空 卯 常 丑	戊 白 寅 玄 子	丁 常 丑 陰 亥 ○

課象分析

1. 일간을 사람, 일지를 현장의 사례로 본다. 지금 간상 未는 선봉(점시)을 봉했고, 또 태세이며 주작을 승하면서 일간을 탈기하고 있다. 고서에서 말하기를 일간상신이 일간을 탈하는 것을 「허모백출(虛耗百出)」이라 한다. 일간의 음신 酉金은 귀인이 승하고 財星으로 월장을 만들고 있다. 마치 길조가 잠복되어있는 것과 같다. 그러나 酉金 재신이 공망이다. 이동에 있어 비용의 소모가 적지 않다.

2. 일지 子는 官星이다. 일지상신 寅은 장생에 역마이다. 반드시, 지위이동을 하는 것으로 보인다. 그러나 간•지교차 害를 이루고 있어 교섭사는 아름답지 못하다. 상호시기(相互猜忌) 지상이다. 따라서 피차 관계가 어려움을 알 수 있다.

3. 발용 辰은 청룡이 승하고 刑剋을 이루고 있다. 자신이 자유롭지 못하다. 중전 午는 왕신이면서 둔귀를 가지고 있다. 말전 申은 공망 財이고, 지상 장생 역마인 寅과 沖•破를 하고 있다. 귀인이 역치하고 귀인이 공망이다. 그러므로 모든 일이 막히고 불순이 된다. 파양이 된다.

4. 주작 未는 태세이면서 둔간에 閉口를 봉하고 일간에 임한다. 상급기관에서 낮추어 令을 내리는 형상이다. 3전이 진간전격으로 등삼천(登三天)이 된다. 主는 천전(遷轉)지상이다. 그러나 말전 申 공망이 되기 때문에 등삼천이 성립되지 않는다. 또한 초전 辰은 청룡이고, 말전 申은 등사가 된다. 용두사미(龍頭蛇尾)의 상이다. 끝에는 결과가 없었다.

- 重審課
- 勵德格
- 退間傳格
- 登三天格

畢法賦의 해석과 과전 적용

	해 석	과전 적용
50법	**二貴皆空虛喜期** 밤 귀인과 낮 귀인이 모두 공망이 되는 경우이다. 귀인에게 약속을 받아도 후에 타인에 의해 방해가 된다. 또한 양 귀인이 공망이 되면 모두 허성으로 진실이 없고 거짓됨을 알 수 있다.	천지반도에서 낮 귀인 酉는 순공이 되고, 밤 귀인 亥는 지반공망(함공)이 된다. 따라서 주•야 양 귀인이 모두 공망이 되었다.
52법	**罡塞鬼戶任謀爲** 寅에 辰이 가하는 것으로 辰은 천강이고 寅은 귀호(鬼戶)이다. 일반적으로 辰이 寅에 가하면 천강이 귀신의 문을 막는다. 3전의 있고, 없고를 떠나서 모두를 강색귀호(罡塞鬼戶)라 한다. 음모, 사적 인기도, 문상과 문병, 약짓기와 부적쓰기에 좋다.	일지음신이 辰加寅과 초전 辰加寅을 강색귀호라 하여, 흔히 말하는 귀신의 문을 막는 손 없는 날로 보고 있는 것이다.
63법	**彼此全傷防兩損** 일간과 일지가 모두 상신으로부터 극을 당할 때 나타난다. 송사정단이 될 때면, 양가는 모두 죄로 인하여 처벌을 받는다. 모든 정단에서 양쪽 모두 탄식이 있다.	일지상신 寅은 일간상신 未를 극하고, 일지 子는 일간 丙을 극하여, 서로 간지와 상신이 극을 하고 있다.
76법	**彼此猜忌害相隨 ①** 1. 간지 상하가 육해 : 서로 시기하고 불화 2. 간지상신 육해 : 서로 시기 3. 간지천지반 교차육해 : 서로 가해 4. 간지와 3전이 육해 : 심하게 서로 가해 피차 서로 시기하여 도모해 보지만 모두에게 어그러지는 害가 있다.	간상 未와 일지 子는 서로 육해지상 寅과 일간기궁 巳도 서로 육해로 교차육해가 된다.

취업 · 승진(就業 · 昇進)

퇴직하겠는가?

豫題 34. 癸未年 庚申月 丁巳日(空 子丑) 午時 (午將)
命 - 甲辰 行 - 巳 晝占(차객 辰)

丁	庚	甲
空 巳	玄 申	合 寅
巳	申	寅

己	己	丁	丁
常 未	常 未	空 巳	空 巳
丁未	未	巳	巳

丁 空 巳 巳	戊 白 (午) 午	己 常 未 未	庚 玄 申 申
丙 青 辰 辰	丁巳日 1局		辛 陰 酉 酉
乙 勾 卯 卯			壬 后 戌 戌
甲 合 寅 寅	○ 朱 丑 丑○	○ 匕 子 子○	癸 貴 亥 亥

課象分析

1. 선봉(점시) 午시는 丁日의 祿神이다. 점시가 일록사임을 알 수 있다. 간상 未土는 태상이 승하고 태세가 되어 일간을 탈기한다. 일간음신 未 또한 일간을 탈기한다. 모든 일에 마음 씀이 큰 것을 알 수 있다(걱정이 많다).

2. 본 과는 복음과로 主는 움직이지 않는 것이다. 그러나 일지상에 丁馬발용을 하여 움직이는 상으로 나타난다. 중전 申金은 일간의 財神이면서 현무가 승했다. 많이 움직이면 그 만큼 잃는 것도 많다. 다행히 말전 寅木은 길장인 육합을 승하여 일간을 생한다. 끝에는 길조의 상이다.

3. 본명 辰 상신 辰은 청룡이 승하여 문관직을 나타낸다. 행년 巳의 상신 巳도 왕신으로 일간을 돕고 있다. 마땅히 직업을 얻을 상이다. 또 간•지가 교차생을 하고 있다. 祿이 왕래하는 것이다. 더욱 교묘한 것은 간•지가 祿을 공조하여 巳•午•未로 간다. 식록사 점에서 가장 이로운 것이다. 그러므로 퇴직은 되지 않고 자기자리를 지키는 상이다. 끝내 유리하여 자기자리를 지킨다.

※ Point

拱祿이 되었기 때문이다.

• 伏吟課

畢法賦의 해석과 과전 적용

	해 석	과전 적용
89법	任信丁馬順言動 복음과에서 간 • 지상에 순내 정마나 천마, 역마가 임하면 반드시 조용히 있다가 움직여야 한다. 따라서 조심스럽게 일을 도모할 수 있다.	일지상신인 巳에 丁神이 봉했다. 음신 역시 丁神이 봉해지고, 초전(용신)에도 정마가 봉해졌다. 은밀히 일을 도모함이 마땅하다.

취업 · 승진(就業 · 昇進)

내년에는 이동이 가능할까?

豫題 35. 癸未年 戊午月 壬戌日(空 子丑) 辰時 (申將)
命 - 癸亥　　行 - 子　晝占(차객 亥)

丁	甲	癸
陰 巳	匕 寅	勾 亥
申	巳	寅

庚	丁	丙	丙
白 申	陰 巳	常 未	后 辰
壬 亥	申	戌	未

甲 匕 寅 巳	乙 貴 卯 午	丙 后 辰 未	丁 陰 巳 申
○ 朱 丑 辰	壬戌日 4局		戊 玄 午 酉
○ 合 子 卯			己 常 未 戌
癸 勾 亥 寅	壬 青 戌 丑○	辛 空 酉 子○	庚 白 ㊥ 亥

課象分析

1. 선봉문을 근거로 현재 차객에 의해 亥時가 추론되었다. 亥水는 壬日의 祿神과 德神이 되어 있다. 또한 亥의 음신 申金은 역마이다. 따라서 본 점의 의도는 인사이동 건이다.

2. 일간을 사람, 일지를 일(업무)로 본다. 현재 일간상신 申은 장생과 역마로 백호가 승하여 일간을 생조하고 있다. 인사이동의 아주 유리한 여건에 있다. 일지 戌은 귀살을 만들고 있다. 일지상신 未는 태세로 태상을 승하여 귀살로서 일간을 극하고 있다. 상급(상사)기관에서의 이동에 절대 동의하지 않음을 나타낸다. 그러나 행년 子의 상신 酉金은 官星(귀살)을 인종하여 일간을 생하고 있다. 이것은 마치 형통일 것 같은데, 발용인 巳火가 財星으로 丁神을 승하고, 음신인 중전 寅木은 일간을 탈기하면서 등사가 승해있다. 따라서 미루어 짐작하기로, 인사이동은 현재 과정 중에 있는 것이다. 중요한 것은 비용이 소모되고, 일부분은 돈의 유통관계에 있기도 하다. 또 변화가 시작되기도 한다. 등사의 主는 변화이기 때문이다.

3. 3전은 말전부터 초전까지 체생하여 財星으로 印星을 파괴한다. 본 사안에 의해 성공이 쉽지 않음을 나타낸다. 그러나 다행히, 지상신 未土는 태세신으로 財星을 생하여 印星으로 간다. 따라서 추천시기 있어 인사이동이 가능하게 된다. 과전 중 財가 旺하고, 또 水日에 丁馬를 봉하고 있다. 바로 득재지상이 될 수 있다. 그러나 애석하게도, 점일의 일간 壬水는 쇠퇴하기에 財를 구하기 어렵다. 또 말전 亥는 일간의 祿神이지만 閉口이다. 급여(봉급)를 손해 보는 상이다. 일간상신 申은 역마이고, 또한 초전은 丁馬이고, 중전은 天馬이다. 이로써 三馬가 과전에 들어 인사이동은 필히 성공한다.

4. 본명 亥의 상신 申은 장생이며, 행년 子의 상신 酉는 천공이 승하여 일간의 패신이다. 다행히, 일간은 생한다. 그러나 酉金은 귀인인 卯와 상충극을 하고 있다. 따라서 올해는 인사이동의 난재를 겪고, 내년에 필히 인사이동을 의심할 여지가 없다.

- 元首課
- 元胎格

畢法賦의 해석과 과전 적용

	해 석	과전 적용
70법	**鬼臨三四訟災隨** 일간의 귀살이 3, 4과에 모두 임하면 관사와 병환이 끊임없이 계속된다.	일지상신 未와 그 음신 辰이 모두 일간의 귀살이 된다. 따라서 일지에 임하여 가택에 들면 관재 • 질병이 발생한다.
26법	**水日逢丁財動之** 水일, 즉 壬 • 癸일 날 丁馬를 만나면 재물이 빠르게 움직인다. 壬 • 癸水일에 丁神은 財星이 되기 때문이다.	과전도상 丁巳가 일간의 財星이다. 壬일 날 財星이 丁神을 봉하고 있기 때문이다.

취업 · 승진(就業 · 昇進)

10년간 교장 승진이 안되었다. 언제 승진하겠는가?

豫題 36. 甲申年 庚午月 甲子日(空 戌亥) 辰時 (申將)

命 - 壬寅　行 - 申　晝占

戊	壬	甲
玄 辰	匕 申	青 子
子	辰	申

庚	○	戊	壬
后 午	合 戌	玄 辰	匕 申
甲 寅	午	子	子

癸 朱 酉 巳	○ 合 戌 午	○ 勾 亥 未	甲 青 子 申
壬 匕 (申) 辰	甲子日 9局		乙 空 丑 酉
辛 貴 未 卯			丙 白 寅 戌○
庚 后 午 寅	己 陰 巳 丑	戊 玄 辰 子	丁 常 卯 亥○

課象分析

1. 일간상신 午火는 孫爻로 旺하여, 박관지신(剝官之神)이 되어 干에 임했다. 관직 점에서는 불리하게 작용한다. 일지상신 辰은 천강으로 현무가 승하여 財星이 되었다. 또 일지의 음신 申은 태세와 월장을 봉하고 있어 관직 정단에 유리하게 작용한다. 그런데 간 • 지가 교차로 相剋을 하고 있다. 또 참관격인 辰이 발용하였다. 따라서 관직을 謀하는 정단에서는 불순하다. 관직 점에서는 필히 막힘이 많고 어려움을 면하기 어렵다.

2. 3전이 辰申子 삼합을 하여 부모국을 이루어 일간을 생조하고 있다. 또 초전부터 말전까지 일간을 생하는, 「형통격(亨通格)」이 된다. 반드시 주변사람의 추천(천지)이 있다. 그러나 애석하게도, 일간상신 午火는 일간을 탈기하여 박관 (剝官)을 만들고, 둔귀를 가지고 3전 합국인 子水와 冲을 하고 있다. 이를 「합중범살(合中凡殺)」이라 한다. 午는 월건이 되어 그 月의 官을 주관한다. 子水는 청룡이 승하여 문관직을 나타낸다. 당월 午와 월파의 관계에 있다. 또한 午火는 일지역마인 寅에 앉아있다. 이동에 있어 타인의 반대가 있다. 일간은 午를 모으고 있어 금월에는 승진이 불가능하다.

3. 일간상신 午는 일지 子와 相冲을 한다. 또한 일간의 음신인 戌과 지상 辰과도 相冲을 한다. 서로 경쟁자가 있음을 알 수 있다. 초전 발용 辰은 지도자(영도자)의 신이다. 또 財星으로 현무가 승해있다. 현무의 主는 암매(暗昧)이다. 또한 천강 辰은 움직이는 신이다. 움직일 경우 비용이 발생하고 官을 생해주는 상이다. 마땅히 청을 넣어 자기를 알리는 방법밖에 없다.

4. 3전 水합국은 현재 여름 점에 봉해있다. 이를 「사시반본살(四時反本殺)」이라 한다. 부임이 극도로 지체되는 현상이다. 역시 관직의 임무가 무겁고, 또 子水 청룡은 午月의 월파이다. 그러나 다행히 일진으로 보충하고

있다. 그러므로 午月이 지난 후에라야 비로서 깨지지 않을 수 있다. 태세와 월장인 申이 중전에 입전하여 官星을 지니고 있어 吉하다. 또한 말전 子水 청룡은 물에서 놀기에 문관직에 크게 이롭다. 또 등사가 청룡이 되니, 子를 4중신(子 • 午 • 卯 • 酉)의 정직(正職)이 되어, 입추(立秋) 후, 관인이 왕성할 때 유리하고 교장직에 오를 수 있다.

사시반본살(四時反本殺)이란
봄정단(寅卯辰)에-金합국인,巳酉丑일 때
여름정단(巳午未)에-水합국인,申子辰일 때
가을정단(申酉戌)에-火합구인寅午戌일 때
겨우정단(亥子丑)에-土국인진戌丑未일 때
최관사자(催官使者)와 반대로 진급이 극도로 늦어지거나
부임이 늦어지는 것을 말한다.

- 元首課
- 潤下格
- 斬關格
- 勵德格

畢法賦의 해석과 과전 적용

	해 석	과전 적용
31법	**三傳遞生人擧薦** 3전이 모두 갈마질하여 일간을 생하는 것. 즉, 초전→중전→말전→일간생 말전→중전→초전→일간생 모든 정단에 길하다. 단 질병정단을 제외한 타인의 천거에 의한 길한 작용을 한다.	초전 辰에서 중전 申을 생하고, 중전은 말전 子를 생하여, 말전이 일간 甲을 갈마질하여 생조하고 있다. 다른 말로 형통격(亨通格)이라고도 한다. 타인의 추천에 의해 도움을 받는 길한 작용을 한다.
66법	**支賁財併旅程稽** 지지의 묘신이 일간의 재성을 만들 때, 반드시 장사에서 원금을 잃고, 여정에서는 도로에 장애가 있다. 모든 도모하는 것은 뜻대로 되지 않고 형통하지 못하다.	일지상신 辰은 일간 甲의 재신이다. 이는 지진 子의 묘신이기도 하다.
64법	**夫婦無淫各有私** 교차극(交車剋)이다. 主는 부부가 서로 불화의 상이다.	일간 甲은 일지상신 辰을 극하고, 일지 子는 일간상신 午를 극하여 교차극을 형성하고 있다.
84법	**合中凡殺密中砒** 3전이 합국(合局)을 이룰 때, 일신(一神)이 간 • 지상과 刑 • 冲 • 破 • 害가 되는 경우로, 主는 모든 모망사는 성취도중 실패를 본다. 타인이 나의 등에 칼을 꽂는 격이다.	3전이 辰申子로 삼합을 하고 있으나, 일지상신 辰과 서로 자형(自刑)을 하고 있다. 이는 칼끝에 묻은 꿀과 같다.

5장

소송 · 관사 · 승패정단

(訴訟 · 官事 · 勝敗正斷)

소송 · 관사 · 승패(訴訟 · 官事 · 勝敗)

관사 언제 끝날 것인가?

豫題 37. 壬午年 甲辰月 辛酉日(空 子丑) 子時 (酉將)
命 - 甲辰　年 - 辰 晝占

戊	乙	○
常 午	后 卯	朱 子
酉	午	卯

己	丙	戊	乙
白 未	陰 辰	常 午	后 卯
辛 戌	未	酉	午

甲 貴 寅 巳	乙 后 卯 午	丙 陰 辰 未	丁 玄 巳 申
○ 匕 丑 辰	辛酉日 4局		戊 常 午 酉
○ 朱 子 卯			己 白 未 戌
癸 合 亥 寅	壬 勾 戌 丑○	辛 青 (酉) 子○	庚 空 申 亥

課象分析

1. 소송 점에서는 일간을 원고, 일지를 피고로 본다. 또한 주작을 소송장으로 본다. 구진을 법관, 관귀를 소송(공송), 또는 심판기관, 귀인을 심판자로 본다. 이를 법의 원칙으로 본다. 또한 일간은 사람, 일지는 사건, 사고, 일로 본다. 현재 일간상신 未에 백호가 승했다. 일지상신 午는 태세가 되고 귀살이 되어 일간을 극하고 있다. 또 일지음신 卯는 財星으로 귀살을 돕고, 지진 酉와 冲•剋을 하고 있다. 점시(선봉) 子水는 주작이 승하고 관부(官符)이다. 눈앞에서 관사발생의 구설의 상이다. 놀라고 불안하다.

2. 서로 상대방을 나타낼 때, 일간을 본인, 일지를 상대방으로 본다. 초전발용은 일지상신에서 발용하였다. 즉 타인이 먼저 소송을 제기함을 알 수 있다. 子水는 주작을 승하여 송장(送狀)을 알 수 있고, 寅木 귀인을 생조하고 있다. 그러므로 서로 법원에서 만남을 알 수 있다. 그러나 子水인 주작이 공망이 되고, 세파를 하고 있다. 또 子水는 휴수하며, 순공으로 무력하며, 관귀를 극하고 있다. 그러므로 소송장이 약함을 알 수 있다. 일시적으로 어려움이 있다. 따라서 법원은 사건을 종결지었다. 관사는 자연히 끌고 있다.

3. 간•지는 서로 비화하고, 간•지상신은 서로 육합을 하고 있다. 구진戌은 간지를 생하고 있다. 구진은 법관으로 원고, 피고가 서로 화해의 의지를 뜻하고 있다. 법관은 쌍방이 모여 화해하길 바란다. 일지상신 午火는 귀살로 간•지를 모두 극하고 있다. 또 간상 未土는 귀살을 인종하여 간•지를 생하고 있다. 戌土인 구진은 지상 午와 서로 상생하고 있다. 또 간상 未와 구진 戌土와 相刑하고 있다. 그러므로 원고는 법원의 화해를 받아들이고 있다. 따라서 원고는 양보하여 피고를 우대한다. 피고의 점이 우세함을 알 수 있다.

4. 3전이 午卯子로 헌개격(軒蓋格)이다. 또 중전 卯木은 지진 酉와 冲을 이루고, 말전 子水는 공망이다. 이를 추헌낙마(墜軒落馬)라 한다. 본 과전에서 불길하여, 자연히 송사는 근심을 가지고 끝날 기미가 없다. 또 3전으로 보면, 초전은 원고, 중전은 법원, 말전은 피고로 볼 수 있다. 지금 말전 子水는 초전 午火와 冲剋을 하여 피고가 승소하는 상이다. 또 말전은 공망이 되고 중전 卯木을 통관하고 있다. 따라서 3전이 체생을 한다. 그러므로 원고는 피고에게 환급을 해 주어야 한다. 또 화해를 한다. 말전의 공망은 사건의 끝남을 알리고 소송은 화기하게 끝난다. 태세 발용은 당년사 이므로 본 건은 금년에 일이 이루어짐을 알 수 있다. 따라서 출공이 되는 입동 후 亥月 끝이 난다.

- 元首課
- 顧祖格
- 三交格

畢法賦의 해석과 과전 적용

	해 석	과전 적용
48법	**鬼乘天乙乃神祇** 일간의 천을귀인이 귀살에 승하여 일간을 극하는 것으로 귀수로 보아야 하며, 질병정단이면 반드시 하늘과 땅의 신의 해코지가 있다. 공을 닦고 베풀어 가택신을 편안하게 위로하면 거의 재앙은 사라진다.	일지상신 午와 초전 午에 낮 천장인 태상이 승했으나, 밤 천장이면 귀인이 승한다. 일지상신과 초전에서 일간을 극하는 귀살로 작용한다.
22-5	**外好裏偡芽格** 간 • 지상신이 비록 육합을 하더라도 지반의 지간을 따져 무엇인지를 파악한다. 이는 겉으로는 좋아 보이나 속으로는 서로 화합하지 못하는 상이다.	일간상신 未와 일지상신 午는 서로 육합관계이다. 그러나 일간 기궁 戌과 일지 酉는 육해관계가 된다. 따라서 간 • 지상신은 합이 되나 간 • 지는 해가 되는 경우이다.

소송 · 관사 · 승패(訴訟 · 官事 · 勝敗)

택지 담장 싸움에서 누가 이길 것인가?

豫題 38. 壬午年 戊申月 辛酉日(空 子丑) 午時 (午將)

命 - 己卯　行 - 巳 晝占

辛	壬	己
白 酉	常 戌	青 未
酉	戌	未

千	千	辛	辛
常 戌	常 戌	白 酉	白 酉
辛 戌	戌	酉	酉

丁 合 巳 巳	戊 勾 午 午	己 青 未 未	庚 空 申 申
丙 朱 辰 辰	辛酉日 1局		辛 白 酉 酉
乙 匕 卯 卯			壬 常 戌 戌
甲 貴 寅 寅	○ 后 丑 丑	○ 陰 子 子	癸 玄 亥 亥

課象分析

1. 일간상신 戌土에 태상이 승해 있다. 일지상신 酉金 백호가 宅에 임했다. 戌 태상을 토지로 보고, 또는 가옥, 건물로 본다. 酉를 문호(門戶) 출입문으로 본다. 간지상신 戌과 酉는 교차로 서로 相害한다. 토지와 출입문에 관한 서로의 분쟁이다. 戌은 관부(官符)가 되어 일간에 임했다. 초전 酉는 백호가 승하여 대문(출입문)으로 발용하였다. 음신인 酉는 관부에 입전하였다. 필히 담을 쌓는 과정에서 발생한 관사임을 의심할 여지가 없다. 원인은 쌍방이 담을 쌓는 과정에서 발생한 관사이다.

2. 다르게 말하면, 일간을 본인, 일지를 타인으로 보고, 초전 발용은 일지상신에서 되었다. 이는 타인에 의해 일이 발생됨을 알 수 있다. 송사 점에서 客이 움직임을 알 수 있다. 일간을 客, 즉 원고가 되고, 일지는 본인, 즉 피고가 된다. 주작은 소송장으로 볼 수 있다. 현재 일간상신 戌土는 주작이 승한 辰土와 沖을 하고 있다. 원고가 먼저 소송을 걸어 온 상으로 볼 수 있다. 따라서 구진은 법관, 구진 午火는 태세와 월장이 되어 일간과 일지를 극하고 있다. 법관이 쌍방을 동등하게 대하고 있는 모습이다. 구진 午는 일간상신 戌을 생하고, 일지상신 酉를 극하고 있다. 다행히 주작 辰은 간상 戌과 沖을 하고, 지상 酉와 생합을 하고 있다. 辰에 주작이 승한 것을 다른 말로 투망(投網)이라 하고, 主는 문서가 미비한, 즉 누락된 것을 일컫는다. 따라서 표면상으로 볼 때는 상대편이 불리하게 보일 수 있다. 이는 원고의 소장에서의 이유 부족이다. 피고측 증거가 충족하지 못했던 것이다.

3. 구진 午는 태세가 되어 일간상신 戌을 생하고, 일지상신 酉를 극하고 있다. 또 辰土 주작은 간상 戌과 沖을 하고, 일지 酉와는 合을 하고 있다. 따라서 법원에서 조사결과 원고의 이유는 부족하고 피고의 이유는 충족하다는 것을 알 수 있다. 법원에서도 구체적 결론을 내기 어려운 상황이다. 과체가

복음과이다. 主가 客에게는 불리하다. 복음과는 신음지상을 내재하고 있는 상이다. 따라서 본 관사는 필히 오래 끌 수 있는 상황으로 본다. 또 하괴 戌은 동신(動神)으로 일간에 임했고, 또 주작을 승한 辰과 冲을 이루고 있다. 따라서 상대방이 불복하여 법원에 상고하고 있는 상황이다. 간상 戌은 길장인 태상을 승하여 일간을 생하고 있다. 일지상신 酉는 흉장인 백호를 승하여 일지 酉와 自刑을 이루고 있다. 삼전 중, 중. 말전은 서로 相刑관계에 있다. 또 말전을 피고로 보고 초전을 원고로 본다. 간 • 지가 모두 木을 財로 보고 있다. 木은 3, 8의 수이다. 따라서 법원의 결과(판결)로 원고는 피고에게 3백만원 또는 3백 8십만원을 배상해야 한다.

4. 간 • 지가 비화되고, 상신은 서로 刑을 하면서 생을 하고 있다. 또 삼전 중, 초 • 말전이 서로 생(末助初生)을 하고, 과상은 복음과이다. 사법기관의 결정이 어려움을 겪는다. 계속 끌고 가고 있다. 원고는 자신감을 잃어버렸다. 결국은 중간에 흐지부지하게 되었다.

- 伏吟課
- 斬關格
- 龍戰格

畢法賦의 해석과 과전 적용

	해 석	과전 적용
8법	**權攝不正祿臨支** 일간의 록신이 일지상신에 임할 때 모든 정단에서 스스로 존대해지지 못하고 타인에 의하여 굴복과 꺽임을 당하게 된다. 만약 사람을 파견하는 파견정단이면 임시직을 맡는 것으로, 정당한 자리가 아닌 먼곳의 직록으로 곁가지로 받을 뿐이다.	일지상신 酉는 일간의 록신이다. 이는 록이 일지상신에 임한다.
76법	**彼此猜忌害相隨** 1. 간 • 지상하가 육해 : 서로 시기 불화 2. 간 • 지천반과 교차육해 : 서로가 해 3. 간 • 지상신 육해 : 서로 시기 4. 간 • 지와 3전이 육해 : 해가 더욱 심함 육해가 되면 피차 서로 시기하여 주객은 서로 교제를 돌아보지 않게 되므로 양쪽이 서로 어그러지고 해가 있다.	1. 일간상신 戌과 일지상신 酉가 육해 2. 일간기궁 戌과 일지 酉가 육해 3. 일간기궁 戌과 일지상신 酉의 교차육해 4. 일간상신 戌과 일지 酉의 교차육해가 된다.

6장

고시 · 시험정단
(考試 · 試驗正斷)

고시(考試)

의사 시험에 합격할 수 있겠나?

豫題 39. 辛巳年 辛丑月 戊寅日(空 申酉) 申時 (丑將)

命 - 己未　年 - 子　晝占

丙	辛	甲
匕 子	常 巳	合 戌
未	子	巳

甲	己	癸	丙
合 戌	陰 卯	空 未	匕 子
戊 巳	戌	寅	未

甲 合 戌 巳	乙 朱 亥 午	丙 匕 子 未	丁 貴 (丑) 申 ○
○ 勾 酉 辰	戊寅日 8局		戊 后 寅 酉 ○
○ 青 申 卯			己 陰 卯 戌
癸 空 未 寅	壬 白 午 丑	辛 常 巳 子	庚 玄 辰 亥

課象分析

1. 과거시험이나 고시시험 등에서 일간을 수험생으로 보고, 일지를 고시장으로 본다. 또한 일지를 반, 클래스, 학급으로 도 본다. 또한 주작을 문서, 즉 시험지로 본다. 장생은 學堂으로 보고, 印星을 학업성적, 태세 • 월장을 시험관으로 본다. 염막귀인을 시험답안, 또는 시험관 등으로 본다. 지금 일간상신 戌은 육합이 승하여 순수에 가해있다. 또한 일간상신 戌의 음신인 卯는 官星으로 천의(天醫)가 된다. 그러므로 수험자의 학업성적은 우수하다 볼 수 있다(실제 수험자는 지방대 의대 본과생). 일지는 고사장으로 본다. 현재 일지상신 未土는 일지의 묘신이면서 염막귀인을 승하고 폐구로 되어 있다. 또 일간상신과 일지상신이 서로 相刑관계에 있다. 따라서 이번 기회에 성적이 안 좋아 불합격임을 알 수 있다.

2. 간 • 지가 묘신을 승하고 있다. 『畢法賦』 88法에서 「간지승묘각혼미(干支乘墓各昏迷)」라 한다. 간 • 지상신이 월장을 포함해 丑戌未 三刑으로 구성되어 있다. 주작이 승한 亥는 태세 巳와 冲을 하고 있다. 다른 이름으로 「적조범세군(赤鳥犯歲君)」이라 한다. 수험장에서 뜻을 이루기 어렵다. 본 점에서 혼몽하여 시험을 잘 보지 못하여 금년 고시에는 불리하다.

3. 초전 발용 子水는 일간의 財神이며 등사가 승했다. 중전 巳火는 일간의 德 • 祿이다. 말전은 일간의 묘신이다. 중전인 巳는 일간의 印星으로 德 • 祿을 지니고 태상이 승하여 고시점에서는 吉하다. 그러나 말전에서 초전을 극하며, 말전의 묘신은 無氣하다. 행년 子 상신인 巳는 일간의 祿이며 태상이 승하여 길장이지만 내전(巳加子)하고 있다. 난관이 계속 이어짐을 뜻한다. 본명 未 상신 子는 등사가 승하여 손상되어 있다. 또 변화는 申이 청룡을 승했으나 공망이 되어 무익하다. 따라서 祿이 상하고 귀인은 함공이 되고 있다. 그러므로 유신은 공망이 되어 고시에 올라갈 수 없다. 불합격되었다.

• 知一課
• 斬關格
• 鑄印格
• 驀越格
• 六儀格

畢法賦의 해석과 과전 적용

	해 석	과전 적용
2법	**首尾相見始終宜** 이른바 간상에 순미가 있고 지상에 순수가 있으면, 한 순의 한 주기를 다 돌았다는 뜻의 "주이부시격"이다. 무릇 이 격에 해당되면 정단하는 일은 일탈되지 않고, 도모하는 것은 모두 이루어진다. 소송정단은 담당자와 관청을 바꾸고, 해신하는 일은 좋지 않아 결코 끊어지지 않는다.	일간상신 戌은 둔간이 甲으로 일간의 순수가 되고, 일지상신 未도 둔간이 癸이므로 일간의 순미가 된다. 일반적으로 간상 순이나 간상 순수를 같이 보아도 무방하다. 지상 순수 역시 지상에 순미를 보아도 같다.
88법	**干支乘墓各昏迷** 간상에 간묘를 봉하고 지상에 지묘를 봉할 때 정단에서 형쾌하지 못하고 묘신이 일건을 덮으면 사람과 가택은 혼침해 진다.	일간상신 戌은 일간 戊의 묘신이고, 일지상신 未는 일지 寅의 묘신이다. 간•지가 각각 묘신을 봉하고 있다.

고시(考試)

시험에 합격할 수 있을까?

豫題 40. 壬午年 壬子月 戊辰日(空 戌亥) 巳時 (丑將)

命 - 辛酉　　年 - 亥　晝占

甲	壬	戊
ヒ 子	青 申	玄 辰
辰	子	申

乙	癸	甲	壬
貴 丑	勾 酉	ヒ 子	青 申
戊 巳	丑	辰	子

乙 貴 ㊀丑 巳	丙 后 寅 午	丁 陰 卯 未	戊 玄 辰 申
甲 ヒ 子 辰	戊辰日 5局		己 常 巳 酉
○ 朱 亥 卯			庚 白 午 戌○
○ 合 戌 寅	癸 勾 酉 丑	壬 青 申 子	辛 空 未 亥○

課象分析

1. 일간을 수험생(고시생)으로 보고, 현재 일간상신 丑은 귀인이 승하여 월장으로 일간상신에 임했다. 일간음신 酉金은 일간을 탈기하고 폐구에 봉하지만, 시험자는 전도가 밝음을 알 수 있다. 또 금년에 학습을 약간 게을리 하고 있다. 일지를 고사장(수험장) 및 사업장(일, 사건)으로 본다. 현재 일지상신 子는 일간상신 丑과 六合의 관계에 있다. 우녀상회격(牛女相會格)이 된다. 또한 子는 수험생의 행년 亥의 도화가 된다. 지상 子와 간상 丑은 암귀로 일간을 극하고 있다. 또 초전 子水는 내전을 하고 있다. 연애와 관련이 있다. 그로 인해 학습이 부진하고 저조함을 알 수 있다.

2. 고시점에서의 주작은 시험지 또는 답안지이다. 지금 주작이 亥에 승하여, 이를 투강(投江)이라 한다. 현재 시험에서 불리하게 작용을 하고 있다. 주작이 태세인 午를 극하고 있다. 「적조범세군(赤鳥犯歲君)」이라 한다. 태세는 고시점에서 고시의 관과 같다. 시험답안지는 필히 불합격의 뜻을 나타낸다. 염막귀인 未土는 공함이고 亥水인 주작을 극하고 있다. 또한 3전은 水局을 이루어 印星을 상하게 하고 있다. 인성은 여기에서 학업성적을 나타내고 있다. 인성이 파손되어 고시에 합격할 수 없다. 年命 亥의 상신 未土는 염막귀인이 승하여 급제의 상이다. 그러나 염막귀인 未는 지반공망이고 행년인 亥水를 극하고 있다. 순조롭게 작용을 할 수 없다. 본명 酉 상신 巳는 일록이면서 길장이다. 그러나 본명 亥 주작과 冲剋이 일어난다. 이러한 요인들이 모두 고시점에서는 불리하게 작용된다. 따라서 금년 시험에서는 불합격함을 알 수 있다.

3. 귀인이 일간에 임하고, 子의 상신 申은 록신이 임하고, 염막귀인이 태세가 되어 공명을 얻는 상이다. 올해가 아닌 내년 未年에는 염막귀인이 되면서 태세가 된다. 또 내년에는 행년이 子年이 되어, 행년상신 申은 장생이 되

어 청룡을 승하여 문관의 꿈이 이루어진다. 내년에는 필히 시험에 합격할 수 있다. 주작이 卯에 임하여 동방에 있는 대학에 입학할 수 있다.

- 重審課
- 潤下格
- 六儀格

畢法賦의 해석과 과전 적용

	해 석	과전 적용
83법	**萬事喜忻三六合** 삼합 삼전의 一神이 간•지상과 육합이 될 때, 이른바 모망사는 모두 성취한다. 이는 상호 삼육이라 한다. 풀려야 할 근심사와 의혹사, 질병정단은 마땅치 않다.	3전이 子申辰으로 삼합을 이루고 있고, 일간상신 丑과 초전子와 같이 육합을 이루고 있다.
95법	**六爻現卦防其剋** 3전에서 局을 형성할 때 그 爻의 극을 받는 육친은 손상이 된다.	3전에 子申辰의 水局으로 일간의 인성인 火가 손상이 된다.

고시(考試)

금년에 대학 본과 입학 가능할까?

豫題 41. 甲申年 丙寅月 庚辰日(空 申酉) 未時 (亥將)
命 - 丁卯　年 - 未 晝占

庚	○	丙
玄 辰	青 申	ヒ 子
子	辰	申 ○

丙	庚	○	丙
ヒ 子	玄 辰	青 申	ヒ 子
庚 申	子	辰	申○

○ 勾 酉 巳	甲 合 戌 午	乙 朱 (亥) 未	丙 ヒ 子 申○
○ 青 申 辰	庚辰日 9局		丁 貴 丑 酉○
癸 空 未 卯			戊 后 寅 戌
壬 白 午 寅	辛 常 巳 丑	庚 玄 辰 子	己 陰 卯 亥

課象分析

1. 일간을 수험생으로 보고, 일지를 학교로 본다. 현재 일간 기궁 申은 순공이 되고 일간상신 子는 일간을 탈기하고, 등사가 승하여 암귀로 되어 일간을 극하고 있다. 수험생의 상태가 불안하여 좋지 않은 상이다. 그러나 다행히 염막귀인 未가 본명 卯에 임했다. 또한 年命 未의 상신 亥에 주작이 임했다. 따라서 고시생의 평소 성적은 상향을 하고 있음을 알 수 있다. 간지상신 子와 申은 모두 간지를 구탈(俱脫)하고 있다. 또 간지의 음양신은 申子辰 水局으로 일간을 탈기하고 있다. 따라서 금년에 대학시험에서 탈기(어려움)됨을 알 수 있다.

2. 주작은 문서, 답안지를 나타내는데 행년 未의 상신 亥가 주작이 승하여 吉하다. 그런데 亥에 주작이 승하여, 투강(投江)이라 하여 주작이 물에 빠진 격이 되어 시험 정단에서는 마땅치 않다. 또한 행년 未에서 상신 亥를 극하고 있고 월령상으로 휴수하다. 印星 역시 문서(시험지) 또는 학업을 나타낸다. 현재 인성 辰은 현무가 승하여 발용하고 있다. 현무는 착오의 신이다. 따라서 시험장에서 착오에 의해 시험을 망치는 상이 된다.

3. 4과가 불비이고, 3전이 중 • 말전이 공함이 된다. 시험을 잘 볼 수 없음을 알 수 있다. 염막귀인 未는 주작이 승한 亥를 극하고 둔간이 폐구이며 兩귀인은 공망이 된다. 중전 申은 문관의 유신인 청룡이 승했으나 공망이 되고, 중전 申이 청룡이 되고, 말전 子가 등사가 되어, 용이 변하여 뱀이 되는 상으로, 시험점에서는 필히 불합격이 된다. 3전 윤하(潤下)는 중. 말전이 공망이고 水局을 이루어 일간을 탈기하므로 시험장에서도 매우 불리하다. 시험에서 합격할 수 없다. 따라서 금년의 본과 입학은 불가능하다.

4. 인성인 辰의 둔간 庚金은 일간과 비화하고 있다. 또한 현무가 승하여 발용

했다. 일간은 발용 辰이 생하고 있으니, 동남방향에서 재수하여 내년을 기약함이 옳다.

※ Point

청룡이 변하여 등사가 되면 시험합격은 어려운(계속) 상황이 된다.(龍頭蛇尾格)

- 元首課
- 潤下格
- 勵德格
- 迴還格

畢法賦의 해석과 과전 적용

	해 석	과전 적용
15법	**脫上逢脫防虛詐** 일간에서 그 상신을 생하고, 그 상신에서 천장을 생할 때, 탈상탈(脫上脫)이라 한다. 이는 정단에서 심하게 탈모를 당하여 속임을 당하고 실속이 없게 되는 상이다.	일간 庚은 간상 子로부터 탈기를 당하는데, 간상 子의 밤 천장은 청룡이 승하고 음신 역시 현무가 승하여 일간을 모두 탈기한다.

고시(考試)

시험에 합격할 수 있는가?

豫題 42. 甲申年 丁卯月 癸巳日(空 午未) 辰時 (亥將)
命 - 丙寅　年 - 申　晝占

辛	丙	癸
朱 卯	白 戌	貴 巳
申	卯	戌

甲	辛	戊	○
玄 申	朱 卯	靑 子	陰 未
癸 丑	申	巳	子

戊 靑 子 巳	己 勾 丑 午○	庚 合 寅 未○	辛 朱 卯 申
丁 空 ㊉亥 辰	癸巳日 6局		壬 匕 辰 酉
丙 白 戌 卯			癸 貴 巳 戌
乙 常 酉 寅	甲 玄 申 丑	○ 陰 未 子	○ 后 午 亥

課象分析

1. 일간을 수험생, 일지를 학교 또는 반, 클래스로 본다. 현재 일간상신 申金은 일간의 장생이며 태세를 봉하고 있다. 또한 순수로 일간을 생하고 있다. 일간의 음신 卯木은 주작이 승하여 염막귀인이 되어 日에 임하고 있다. 따라서 수험생이 총명함과 공부가 부족하지 않음을 알 수 있다. 그러나 선봉문 辰에 등사가 승하여 귀살이 되어 등사 鬼가 되며, 일간의 묘신이 된다. 일간상신 申에는 장생이 되나 현무가 승해있다. 일간의 록신 子는 일지에 임하고, 음신은 귀살인 未土를 봉하고 공망이 된다. 수험생이 놀고자 하는 마음이 크게 작용하고 있다. 수험생의 마음이 들떠 안정되지 못하고 있다. 공부에 소홀함을 나타낸다.

2. 卯는 申에 加해 발용하여 작륜과(斫輪課)가 된다. 원래는 시험에 유리하다. 말전 巳는 귀인이 승하여 묘지인 戌에 앉았고, 둔간은 폐구가 된다. 어쩔 수 없는 상황이 된다. 장생인 申金은 태세로서 學堂으로 순수가 임하여, 본 점에서는 吉하다. 그러나 현무가 승하여 폐구괘가 된다. 즉 인성이 폐구가 된 것이다. 높은 성적으로 합격을 할 수 없다(성적이 나오지 않는다). 또 본명 寅 상신 酉金은 일간의 자손효로, 주작신인 염막귀인 卯와 冲을 하고 있다. 작륜이 깨지는 상이다. 시험에 결코 유리할 수 없다. 그러므로 금년 대학시험에서는 합격이 어렵다. 낙방을 의미한다. 결과적으로 대학시험에 낙방한다.

- 重審課
- 鑄印格

畢法賦의 해석과 과전 적용

	해 석	과전 적용
8법	**權攝不正祿臨支** 일간의 록신이 일지상신에 임할 때, 모든 정단에서 스스로 존대해지지 못하고 타인에 의하여 굴복과 꺾임을 당하게 된다. 만약 사람을 파견하는 파견정단이면 임시직을 맡는 것으로, 정당한 자리가 아닌 먼 곳의 직록으로 곁가지로 받을 뿐이다.	일지상신 子는 일간의 록신이다. 이는 록이 일지에 임한다.
44법	**課傳俱貴轉無依** 과전에 귀인이 많을 때, 도리어 귀인에게 의지할 곳이 없어진다. 재임 중인 사람은 파견근무를 여러 번 가고, 소송정단에서는 많은 관청을 경유한다.	일간음신인 卯는 밤 귀인이 된다. 또한 말전은 낮 귀인이 되어, 과전에 초전 卯, 말전 巳와 일간음신 卯와 같이 주•야 귀인이 과전에 많은 경우에 해당된다.
45법	**晝夜貴加求兩貴** 낮 귀인과 밤 귀인이 모두 가해졌을 때, 즉 낮에 정단했을 때는 밤 귀인이 나타나고, 또한 낮 귀인(양 귀인)이 발현된다. 이때 귀인에게 요청하여 일을 구하는 정단은 반드시 양 귀인에게 참견하여 성취한다.	癸일의 양 귀인은 巳이고, 음 귀인도 卯이다. 따라서 과전상 양 귀인과 음 귀인이 모두 가해져 있다. 이때 과전의 양 귀인인 巳의 양 귀인에게 참견하여 성취한다.

※ Tip : 고시정단에서의 주인격(鑄印格)

일반적으로 주인격인 巳・戌・卯 가 형성되었을 때, 계절적으로 火旺절에서는 주인격이 형성되기 어렵다. 그 이유는 火의 기운으로 주인이 되는 도장의 쇠를 녹이는 격이 되기 때문이다. 이를 파인손모(破印損耗)라 한다. 여름정단의 주인격은 과전분석이 정확해져야 한다.

고시(考試)

딸이 시험에 합격하겠나?

豫題 43. 甲申年 庚午月 丁巳日(空 子丑) 子時 (申將)
命 - 丁卯　年 - 卯 借客 晝占

癸	己	乙
貴 亥	常 未	勾 卯
卯	亥	未

乙	癸	○	辛
勾 卯	貴 亥	朱 丑	陰 酉
丁 未	卯	巳	丑 ○

○ 朱 丑 巳	甲 合 寅 午	乙 勾 卯 未	丙 青 辰 申
○ 匕 子 辰	丁巳日 5局		丁 空 巳 酉
癸 貴 亥 卯			戊 白 午 戌
壬 后 戌 寅	辛 陰 酉 丑 ○	庚 玄 (申) 子 ○	己 常 未 亥

課象分析

1. 일간을 수험생(학생), 일지를 시험장 • 시험으로 본다. 현재 일간상신 卯木은 일간의 敗神이 된다. 그러나 다행히 일간을 생해 준다. 일간의 음신 亥水는 일간의 德神이 되어 간상 卯를 도와 일간을 生助한다. 또 삼전은 亥未卯로 삼합으로 印星이 되어 일간을 생하므로, 본 점에서는 길상으로 나타난다. 그러나 일지상신 丑土는 중전 未土와 六冲을 하여 합중범살(合中凡殺)이 된다. 그러므로 수험생의 성적은 그리 뛰어나지 않은 일반적인 성적이 된다.

2. 시험점에서는 주작을 먼저 시험유신으로 본다. 현재 주작이 승한 丑土는 엄목(掩目)이라 한다. 시험에서는 밝지 않은 상이다. 丑土는 천희가 되나, 아쉽게도 공망이 된다. 이 역시 기쁜 일이 아니다. 시험 정단에서의 락공(落空)은 불리하게 작용을 한다. 일지상신 丑土는 주작의 음신인 酉金 염막귀인이 되나, 역시 락공이 된다. 또 수험생의 年命 卯와 冲剋을 하고 있다. 시험에서의 불합격을 나타내는 뜻이 있다.

3. 선봉문 점시 子水는 순공이면서 午月과 月破를 하고 있다. 모든 일에 좋지 않다. 발용인 亥水는 일간의 덕신과 귀인을 승하여 吉하게 작용을 한다. 그러나 폐구(閉口)를 봉하어 吉의 작용이 소실되는 작용을 힌다. 과전은 六陰格이다. 음사는 吉하나 그 외는 혼미지상이다. 主는 공명이 나타나지 않는다. 또 과는 요극(遙剋)이 발용을 하였다. 심인부『心印賦』에서 말하기를, "요극에서의 점은 이루기 어렵다(遙剋所卜難成)"하였다. 따라서 이번 입시시험에서는 희망이 없다.

- 遙剋課
- 曲直格
- 勵德格
- 六陰格

畢法賦의 해석과 과전 적용

	해 석	과전 적용
6법	**六陰相繼盡昏迷** 6처가 모두 陰으로 구성되어 있는 조합이다. 이는 公的인 일에는 불리하고 私的인 일에 길하며, 陰으로 행하는 일에 유리하다.	3전이 모두 亥•未•卯의 음지로 구성되고, 4과 역시 卯•亥•丑•酉의 음의 천신으로 구성되어 있다.
84법	**合中凡殺密中砒** 3전이 삼합을 할 때, 一神이 간•지상신과 刑•冲•破•害를 할 때, 이는 칼끝에 묻은 꿀을 핥는 격으로, 모든 일은 성취 도중 실패를 볼 수 있다.	3전이 亥•未•卯의 木局으로 삼합이 형성되었다. 그러나 一神이 亥와 일간음신 亥는 자형(自刑)이 되고, 중전 未와 지상 丑과도 상충(相冲)을 하고 있다.

※ Tip : 체극(遞剋)의 예외 求財大獲格

일간에서 초전을 극하고, 초전이 중전을 극하고, 중전이 말전을 극하여, 일간에서부터 시작하여 역으로 갈마질하여 체극하는 것을 말한다. 이는 체극으로 보지 않고 재산획득과정에서 큰돈을 획득함을 나타낸다. 체극격과 구별하여 보아야 한다.

고시(考試)

시험에 합격할 수 있을까?

豫題 44. 癸未年 己未月 庚寅日(空 午未) 子時 (未將)
命 - 癸亥　年 - 子 借客 晝占

丙	癸	戊
合 戊	常 巳	匕 子
卯	戊	巳

辛	丙	乙	壬
陰 卯	合 戊	勾 酉	玄 辰
庚 申	卯	寅	酉

戊 匕 子 巳	己 貴 丑 午○	庚 后 寅 未○	辛 陰 卯 申
丁 朱 亥 辰	庚寅日 6局		壬 玄 辰 酉
丙 合 戊 卯			癸 常 巳 戌
乙 勾 酉 寅	甲 青 申 丑	○ 空 ㊍未 子	○ 白 午 亥

課象分析

1. 일간상신 卯木은 일간의 財神이다. 또 卯加申에 임하여 작륜과(斫輪課)가 된다. 벼슬 공명점에서 유리하다. 그러나 여름 말의 金神은 진기(進氣)이다. 또 일간상신 卯木에 태음이 승하여 협극(夾剋)을 하고 있다. 작륜을 상하게 하고 있다. 『畢法賦』 10法에서 「후목난조별작위(朽木難調別作爲)」라 한다. 공명점에서는 불리하게 작용한다. 일지상신 酉는 일간의 양인이 되고, 일간의 旺神이 되고, 또 일간상신 卯와 沖을 하고 있다. 卯는 일지 寅의 旺神이 된다. 또한 라망(羅網)이 되면서 간 • 지상신과 간 • 지가 서로 相沖을하고 있다. 음양신 戌과 辰 역시 沖을 하고 있다. 따라서 이번 입시가 매우 격렬함을 알 수 있다. 『畢法賦』 55法에서 「소모다졸봉라망(所謀多拙逢羅網)」이라 한다. 지금 간지상신이 상호 라망이 되고 있다. 필히 만남의 원인이 된다. 시험점에서 중지하는 상이 된다.(불합격)

2. 시험점에서는 주작은 문장(답안지)이다. 현재 주작은 亥에 승하여 投江이 되었다. 주작이 물에 빠진 격이다. 시험 정단에서 매우 불리하게 작용한다. 또 주작이 천강 辰에 임하여 墓地에 좌(坐)하였다. 그리고 태세 未에 극을 당하고 있다. 따라서 시험성적의 부족으로 불합격의 상이다.

3. 兩 귀인이 모두 공망이다(陰귀인 未는 천공이 승하고, 陽귀인 丑은 지반 공망). 귀인이 돌볼 수 없는 상황이 된다. 초전 戌은 夾剋이 되고, 중전 巳는 일간의 장생이 되나 폐구가 된다. 말전 子는 등사가 승하여 간상 卯를 탈기하고, 지상 酉와 破를 하고 있다. 3전 중 어느 것도 취할 것이 없다. 또 본명 亥 상신 午는 官星으로 백호가 승하여 최관사자(催官使者)가 된다. 최관사자는 부임이 빨리 되나, 기(旣)관직자는 퇴직을 할 수도 있다. 그러나 午가 순공이 되어 있다. 또 말전인 子와 沖을 하고 있다. 官星이 손실을 입는다. 官을 得할 수 없다. 행년 子 상신 未는 염막귀인이며 태세이다. 吉

한 일이다. 그러나 未는 공망에 앉았으므로 귀인의 조력을 받을 수 없다. 따라서 본 시험에서 합격할 수 없다.

- 知一課
- 羅網格
- 斫輪格

畢法賦의 해석과 과전 적용

	해 석	과전 적용
78법	互旺皆旺坐謀宜 일간상신이 일간의 旺神 일지상신이 일지의 旺神일 때, 모두 형통태평의 상으로 형통과이다. 간•지 모두 왕신이 나타나면 타인과 나는 모두 흥왕해 진다. 다만 고요하게 듣다가 움직이는 것이 마땅하다. 만약 경거망동하면 라망살로 변하여 흉해진다.	일간상신 卯는 일간 庚의 旺神이다. 일지상신 酉는 일지 寅의 旺神이 된다. 하지만 주의해야 할 것은, 간•지왕신일 경우 라망에 걸릴 수 있기에 조심해서 행동해야 한다.
85법	初遭夾剋不由己 초전이 협극을 당하게 되면 자유롭지 못하다. 지반은 천반을 극하고 천장은 천반을 극하고 있다. 이는 길신이 형극을 당하면 흉하고, 흉신이 형극을 당하면 흉을 면할 수 있다.	초전 戌은 지반 卯에 의해서 내전을 당하고, 천장육합(乙卯)에 의해 외전을 당하여 협극이 된다.

	해 석	과전 적용
10법	**朽木難調別作爲** 이른바 작륜(斫輪)에서 공망이 되는 상황이나 작륜을 써먹지 못하게 상하게 하는 것으로, 이에 시험(고시)정단에서는 시험을 버리고 일반 직업으로 바꾸어 생활하여야 한다. 즉 썩은 나무에 조각을 할 수 없는 상이다.	일간상신 卯는 庚辛일의 작륜격이 된다. 그러나 일간 庚이 상신 卯를 극하고 천장인 태음(辛酉)이 간상 卯를 외전하여 내외전이 되어서 작륜 본래의 뜻을 사용하기 어렵다.
4법	**催官使者赴官期** 일간의 관성(귀살)에 백호가 승하였을 때, 비록 결함이 있더라도 빨리 부임이 된다. 만약 최관사자가 공망이면 거짓 소식이 되거나 유배를 가게 된다. 이는 본명행년에도 해당된다.	본명 亥의 상신 午는 백호가 승하여 최관사자가 된다. 그러나 애석하게도 순공이 되어 부임에 거짓됨이 있다.
16법	**空上乘空事莫追** 공망 위에 공망을 봉하면 일을 이룰 수 없다. 일신에 대한 정단이면 가난하게 되고, 질병정단이면 사망을 한다.	행년 子의 상신 未는 천공이 승하고 순공을 봉하고 있다. 일을 이루기에는 불리하다.

7장

차용 · 변제정단

(借用 · 辨濟正斷)

차용 · 변제(借用 · 辨濟)의 여부

투자금을 받을 수 있을까?

豫題 45. 壬午年 辛亥月 庚子日(空 辰巳) 未時 (寅將)
命 - 甲辰　年 - 辰 借客 書占

壬	癸	○
匕 寅	朱 卯	合 辰
丑	寅	卯

丁	戊	辛	壬
常 酉	玄 戌	貴 丑	匕 寅
庚 申	酉	子	丑

甲 青 午 巳○	乙 空 未 午	丙 白 申 未	丁 常 酉 申
○ 勾 巳 辰○	庚子日 12局		戊 玄 戌 酉
○ 合 辰 卯			己 陰 亥 戌
癸 朱 卯 寅	壬 匕 寅 丑	辛 貴 丑 子	庚 后 子 亥

課象分析

1. 일간을 본인, 일지를 상대방으로 본다. 현재 제4과 상신 寅木이 발용했다. 맥월(驀越)로, 모든 일이 돌연히 발생한다. 여기에서 광동의 사업가가 우연히 합작투자에 출연하였다. 일지상신 丑귀인은 선봉(점시) 未를 생하고 일간의 묘신이 된다. 일간상신 酉는 丑과 生合을 한다. 일지음신 寅은 財星이고 왕생하여 입전을 하였다. 표면상으로는 투자에 대한 답을 들을 수 있다. 그러나 일지음신 寅 財星에 등사가 승했다. 또한 중전 卯 財星에 폐구가 임했다. 등사의 主는 변화이다. 폐구는 財가 형성되지 못한다. 그러므로 상대방은 마음의 변화가 생겼다.

2. 발용(초전) 寅 財星은 일지의 역마이다. 이는 마배재신(馬背財神)이 된다. 遠方(멀리서)에서 財를 구하거나, 혹은 움직이는 財이다. 일간상신 酉는 일간의 旺神이고 丁馬가 임하여 움직이는 상이 분명하다. 따라서 財는 멀리서 움직이기 때문에 財를 취하기에 어려움이 많다. 간 • 지상신이 라망(羅網)이고, 『畢法賦』 55法에서 「소모다졸봉라망(所謀多拙逢羅網)」이라 하며, 라망살은 움직임의 변화를 준다. 따라서 움직임(動)에 불리함을 알 수 있다. 헛수고와 공이 무산된다.

3. 일지상신 丑은 귀인이며 일간의 묘신이다. 墓의 主는 혼미 • 혼동이다. 따라서 상대방이 자신에 대해 암매(판단이 안 선다)하다. 3전 중 초전 寅은 월장이고 財神이다. 본 월장 내 효과가 있을 것이다. 중전은 卯 財星으로 폐구가 되었다. 중도에 財星을 득하지 못하는 조짐을 보인다. 말전 辰 천강은 본명으로 공망이 된다. 또한 협극이 되었다. 따라서 점자는 마음이 편안하지 못하다. 3전은 진여(進茹)의 격이다. 그러나 傳이 공망이 된다. 『畢法賦』 17法에서 「진여공망의퇴보(進茹空亡宜退步)」라 한다. 전진을 할 수 없는 상이다. 그러므로 길게 끌고 갈 상이다. 따라서 상대방의 변심에 주의해야 한다. 그러므로 財를 득할 수 없다. 결과가 없다.

• 知一課
• 連株格(正和格)
• 驀越格

畢法賦의 해석과 과전 적용

	해 석	과전 적용
17법	**進茹空亡宜退步** 진연주격에서 3전이 공망이 될 때 앞으로 나아감 보다 후퇴하는 것이 마땅하다. 전진하면 라망이 되어 어려움을 겪을 수 있다.	3전 寅•卯•辰 으로 진연주격이 된다. 그러나 말전 辰이 순공이 된다.
55법	**所謀多拙逢羅網** 매 국 12국에서 나타난다. 이른바 간상에 干前 1辰이 승하고, 지상에 支前 1辰이 승하면 천라지망이 된다. 그물로 몸과 가택을 옭아매니 모든 정단에서 형통하지 못하다.	일간기궁은 申이고, 그 천반은 酉로, 前 1辰에 있다. 일지 子 역시 前 1辰 丑이 임하여 있다. 이를 천라지망 이라 하고 움직이면 양인의 해를 받는다. 조용히 자리를 지킴이 좋다.
14법	**傳財太旺反財虧** 3전의 재물이 태왕하면 오히려 재물이 훼손된다. 일간이 왕성할 때 재를 득할 수 있다.	3전이 寅•卯•辰 木局의 재신으로 구성되어 있다. 3전이 태왕하여, 바르게 재를 구하기 어렵다. 일간이 왕성할 때 가능하다.

차용 · 변제(借用 · 辨濟)의 여부

대출이 가능할까?

豫題 46. 甲申年 丙寅月 戊寅日(空 申酉) 未時 (亥將)
命 - 辛卯　年 - 卯　晝占

丁	壬	○
貴 丑	白 午	勾 酉
酉 ○	寅	巳

○	丁	壬	甲
勾 酉	貴 丑	白 午	合 戌
戊 巳	酉 ○	寅	午

○ 勾 酉 巳	甲 合 戌 午	乙 朱 ㉧ 未	丙 匕 子 申○
○ 青 申 辰	戊寅日 9局		丁 貴 丑 酉○
癸 空 未 卯			戊 后 寅 戌
壬 白 午 寅	辛 常 巳 丑	庚 玄 辰 子	己 陰 卯 亥

課象分析

1. 대출 점이다. 일간을 본인으로 보고, 일지를 타인으로 본다. 지금 일간 戊土는 시령을 얻지 못했다. 또 일간상신 酉金은 공탈(空脫)이다. 기세가 쇠해져 있다. 일지는 宅이고, 일지상신 午火는 일지를 탈기한다. 그러므로 인택수탈지상(人宅受脫之象)이다. 『畢法賦』 35法에서 「인택수탈구초도(人宅受脫俱招盜)」라 한다. 따라서 그녀는 돈이 한 푼도 없다. 그러므로 가정생활에 곤란을 겪고 있다.

2. 일지는 타인이다. 현재 일지 寅은 월건이며 旺氣이다. 이로 인해 타인이 경제력과 실력을 갖추고 있다. 일지상신 午火는 암귀를 가지고 있고 일간을 생하고 있다. 타인(대출기관)이 대출을 해 줄 수 있는 의사가 있는 것으로 보인다. 일지는 대출(일)로 본다. 일지상신 午火에 백호가 승해있다. 백호는 도로의 신이다. 따라서 대출을 받을 수 있는 상으로 보인다. 지음신 戌은 일간과 동류를 이루고 육합이 승한다. 대출기관으로부터 대출을 받을 수 있는 상이다. 육합은 협의의 상으로 대출의 상으로 보인다.

3. 초전 丑土는 귀인이 승하여 발용하였으나, 또한 둔간에 丁神이 봉해졌다. 귀인이 움직이는 상이다. 중전 午火는 旺神이면서, 둔간에 암재(暗財)가 있고 일긴을 생하고 있다. 일의 진전에 吉한 상이다. 그리니 말전 酉金은 일간을 탈기하고 공망이기도 하다. 모든 일에 결과 없음을 나타낸다. 일이 틀어짐을 말한다. 본명 卯의 상신 未는 천공이 승하고 폐구가 되었다. 또한 丑 귀인과 冲을 하고 있다. 따라서 귀인과는 인연이 없다. 귀인과 冲을 하기 때문이다. 타인(대출기관)으로부터 도움을 받을 수 없다. 따라서 결과가 없는 상황이 된다.

• 昴星課(虎視格)

- 三光格
- 勵德格

畢法賦의 해석과 과전 적용

	해 석	과전 적용
35법	**人宅受脫俱招盜** 이른바 일간과 일지가 모두 상신에 탈기를 당하는 것으로, 간상은 지진을 탈기하고 지상은 일간을 교차로 탈기하는 것도 해당된다. 모든 정단에서 타인에 의한 속임수로 손실을 입게 되며, 가택은 반드시 도적에게 재물을 도난 당한다.	일간 戊는 상신 酉에 탈기 당하고 일지 午에 탈기를 당한다. 구탈(俱脫)이 된다.
54법	**虎視逢虎力難施** 호시격에서 백호의 천장이 승할 때로, 전•후 모두에 백호가 있는 격으로서 정단시 경천동지하는 흉한 화를 면하기 어렵다.	지상 午에 백호가 승하고, 중전 午에 백호가 승하고 있다. 묘성과 호시격에서 백호가 승할 때 흉을 면하기 어렵다.

차용 · 변제(借用 · 辨濟)의 여부

돈을 돌려받을 수 있을지?

豫題 47. 壬午年 乙巳月 壬辰日(空 午未) 巳時 (申將)
命 - 己酉　年 - 亥　晝占

丙	己	壬
白 戌	陰 丑	匕 辰
未	戌	丑

庚	癸	○	丙
后 寅	朱 巳	勾 未	白 戌
壬 亥	寅	辰	未 ○

甲 青 (申) 巳	乙 空 酉 午○	丙 白 戌 未○	丁 常 亥 申
○ 勾 未 辰	壬辰日 10局		戊 玄 子 酉
○ 合 午 卯			己 陰 丑 戌
癸 朱 巳 寅	壬 匕 辰 丑	辛 貴 卯 子	庚 后 寅 亥

課象分析

1. 일간을 본인 또는 청구인으로 보고, 일지를 차용인으로 본다. 현재 일간이 휴수하고 월파를 한다. 본인에게 무력한 상이다. 일간상신 寅木은 일간을 탈기한다. 일간음신 巳火는 월건이며 점시(선봉)가 되고, 주작이 승하여 일간의 財神이다. 財가 旺하여 본인에게 손모가 크다. 본인이 부채(빌려줌)관계로 마음적으로 많이 힘든 것을 알 수 있다.

2. 선봉문(점시)은 현재의 일에 대한 것을 나타낸다. 현재 점시 巳는 財星으로 주작이 승해있다. 상대방에게 돈을 받기 위하여 입이 닳도록 말하는 상이다. 일지상신 未土는 구진이 승하여 귀살로 공망이 되었다. 일지음신 戌土 또한 귀살이 되어 백호가 승하여 일간을 상하게 한다. 그러나 다행히 귀살은 낙공(落空)이 되고 있다. 따라서 상대방(채무자)은 돈이 없고 공허하다. 원금(차용금)상환이 어려운 상황이다. 『畢法賦』 70法에서 「귀임삼사송재수(貴臨三四訟災隨)」라 하여, 과상에 주작과 구진이 서로 보이고 있어, 소송의 상이다. 또 간 • 지는 교차로 극을 하고 있다. 『畢法賦』 63法에서 「피차전상방양손(彼此全傷防兩損)」이라 한다. 이는 서로 상하는 상이다. 또한 지진 양과(兩課)가 공망이다. 귀살인 未土 구진이 공망이 되어 관사는 이루어지지 않는다. 서로 간에 채무 • 채권자가 심한 압력으로 이어진다. 돈을 돌려받기가 어렵다.

3. 본명 酉 상신 子水는 현무가 승하여 손실의 상이고, 뜯기는 상이다. 행년 亥의 상신 寅木은 일간을 탈기하여 본인에게 전혀 이익이 없다. 3전은 모두 귀살이다. 또 초전에는 백호가 승하고, 말전에는 등사가 되어 있다. 이로써 호두사미(虎頭蛇尾)의 상이다. 발용 또한 함공이 된다. 반드시 본 일(채무회수)은 허사가 된다. 따라서 결과가 없다.

- 遙剋課(蒿矢格)
- 稼嗇格
- 斬關格

畢法賦의 해석과 과전 적용

	해 석	과전 적용
11법	**衆鬼雖彰全不畏** 육처에 귀살이 많아도 때귀살 제극(制剋)신이 있어서 귀살의 피해를 방지한다. 모든 정단에서 놀라운 액을 면하지는 못하지만 시간이 흐를수록 두렵지않고 결국은 화가 되지 않는다.	3전의 戌・丑・辰 은 가색격으로 일간의 귀살이 국을 형성한다. 그러나 일간상신 寅이 구신(救神)이 되어 귀살국을 능히 막는다.
70법	**鬼臨三四訟災隨** 일간의 귀살이 3, 4과에 모두 임할 때, 관사와 질병이 끊임없이 이어지고 계속된다. 덕을 쌓고 복을 지어 정도에 귀의하면 그 흉은 줄어든다.	일지상신 辰과 그 음신 戌은 일간의 귀살이 된다. 그러나 일지상신과 그 음신이 모두 공망에 드니 그 해는 줄어든다.
4법	**催官使者赴官期** 일간의 귀살에 백호가 승하여 일간을 극하는 경우, 또한 일간・년・명에 임할 때, 관직자의 부임은 빠르게 주어지나, 3전 안에 鬼가 많으면, 일	초전 戌은 일간의 귀살이며 백호가 승해있다. 이 경우를 최관사라 한다.

	해 석	과전 적용
4법	마다 불미스럽고 모망은 불성하고 흉한 재액이 된다.	1. 관직자는 부임이 빠르고 2. 질병, 관송은 매우 흉하다.
63법	**彼此全傷防兩損** 일간상신은 일간을 극하고, 일지상신은 일지를 극하는 것과 일간상신은 일지를 극하고, 일지상신은 일간을 극하여 교차극이 형성될 때이다. 일간과 일지가 상신으로부터 극별을 당하는 상으로, 송사정단이면 양가는 죄로 인해 모두 체벌을 받고, 모든 정단에 탄식이 있다.	일간상신 寅은 지진 辰을 극하고, 일지상신 未는 일간 壬을 극하여, 교차극으로 서로 손상을 준다.

차용 · 변제(借用 · 辨濟)의 여부

돈을 돌려받을 수 있을지?

豫題 48. 壬午年 壬子月 庚戌日(空 寅卯) 巳時 (寅將)
命 - 己酉　年 - 亥　晝占

乙	○	辛
勾巳	匕寅	陰亥
申	巳	寅○

乙	○	丁	甲
勾巳	匕寅	空未	合辰
庚申	巳	戌	未

○ 匕寅 巳	○ 朱卯 午	甲 合辰 未	乙 勾巳 申
癸 貴丑 辰	甲辰日 4局		丙 青午 酉
壬 后子 卯			丁 空未 戌
辛 陰亥 寅○	庚 玄戌 丑○	己 常酉 子	戊 白申 亥

課象分析

1. 일간 庚金은 子月에 휴수하다. 일간상신 巳火는 장생으로 구진이 승해있다. 길한 상이다. 그러나 일간음신 寅木은 財星으로 등사를 승하고 있다. 이를 "쌍사협재(雙蛇夾財)"라 한다. 재성이 귀살을 돕고 있는 상이다. 또한 寅 財星은 공망이다. 따라서 財를 구하기 어렵다. 상대방으로 하여금 채권회수가 불가능하다. 일지상신 未土는 일간을 생하고 있어 좋아 보이는 듯하나 未는 천공을 승하고 있다. 헛되고 거짓의 상, 즉 허가지상(虛假之象)이다. 또 지상 未土에 丁神이 봉하여 둔귀가 되어 일간을 상하고 있다. 丁神은 움직이는 신이다. 따라서 상대방은 집에 없고 밖에 외출 중이다. 또한 일지음신 천강 辰은 육합이 승하여 일간을 생하고 있다. 그러므로 표면상으로는 돌려준다 답을 하지만, 실제로는 빈말에 불과하다.

2. 발용(초전) 巳火는 구진을 승하고, 전 태세지가 된다. 전년도 일을 끌어감을 알 수 있다. 그러므로 현재로서는 구사(전년)임을 알 수 있다. 간 • 지가 교차를 생하여 호생(互生)이 된다. 상대방과 충돌이 발생되지는 않는다. 3전 중, 중 • 말전 寅과 亥는 공망이다. 寅卯는 財神으로 모두 공망이 된다. 본명 酉 상신 午는 청룡이 승하였으나 일간을 극하고, 태세 역시 일간을 같이 극하고 있다. 행년 亥의 상신 申金은 일간의 祿이지만 백호가 승하여 있다. 祿의 역할이 어려움을 나타낸다. 따라서 채권을 회수할 수 없음을 알 수 있다. 상대방(채무자)에게는 항시 빈말만 올 뿐이다.

- 元首課
- 元胎格

畢法賦의 해석과 과전 적용

	해 석	과전 적용
82법	不行傳者考初時 중•말전이 공망이 되는 것을 말하며, 중•말전이 공망이 되면 초전 만으로 그 길흉을 판단한다. 반대로 초•중전이 공망일 때도 말전 만을 가지고 그 시류를 따져 길•흉을 판단한다.	중전 寅은 순공, 말전 亥는 함공으로 되어 있다. 이 경우 초전 巳를 가지고 정단의 길•흉을 판단하는데, 모두 시류를 잘 보아야 한다.
25법	金日逢丁凶禍動 庚•辛일 날 丁馬가 봉해지면 흉이 動한다. 그러나 관직자가 정단하면 부임은 지극히 빠르다. 또한 정신에 구진이 승하면 반드시 관사를 입게 되고, 흉장이 승하면 흉장의 시류에 따라 그 흉이 발생한다.	일지상신 未에 정신을 봉하고 있다. 金日(庚•辛)의 정신은 득보다 흉이 많다. 여기에서는 천공이 승하여 빈말, 빈소리가 된다.
77법	互生俱生凡事益 간상에서 일지를 생하고, 지상에서 일간을 생하는 경우, 또 간상에서 일간을 생하고, 지상에서 일지를 생할 때이다. 이는 서로 돕고 유익하다.	일간상신 巳는 일지 戌을 생하고, 일지상신 未는 일간 庚을 생하여, 서로 교차생이 되어 교역 등에 유리하다.

차용 · 변제(借用 · 辨濟)의 여부

돈을 돌려받을 수 있을까?

豫題 49. 癸未年 乙卯月 甲午日(空 辰巳) 辰時 (戌將)
命 - 丁未　年 - 申　借客 卯時 晝占

丁	○	己
朱 酉	玄 辰	勾 亥
寅	酉	辰○

丁	○	辛	丙
朱 酉	玄 辰	空 丑	匕 申
甲 寅	酉	午	丑

庚 青 子 巳○	辛 空 丑 午	壬 白 寅 未	癸 常 卯 申
己 勾 亥 辰○	甲午日 6局		○ 玄 辰 酉
戊 合 戊 卯			○ 陰 巳 戌
丁 朱 酉 寅	丙 匕 申 丑	乙 貴 未 子	甲 后 午 亥

課象分析

1. 일간상신 酉金은 주작이 승하고 丁神을 봉했다. 酉는 門을 뜻한다. 丁神의 主는 動(움직임)이다. 외출이 어려운 상이다. 酉는 兌괘 로써 主는 말(馬)이다. 주작 또한 말(馬)이다. 丁馬는 지반(기궁) 寅의 상신에 봉했다. 寅은 동북방향을 나타낸다. 동북방향에서 청구함을 알 수 있다. 일간음신 辰은 財星으로 현무를 승하고 순공이 되었다. 현재로써는 채무를 받기 어렵다.

2. 일지는 상대방이다. 현재 일지는 午火이고, 일지로 보아 申酉가 財星이다. 그러나 酉 財星이 절지(絶地)에 앉았다. 申 財星 또한 墓地에 앉아 있다. 그리고 시령상 휴수하게 나타난다. 따라서 상대방이 경제적으로 여유가 없음을 나타낸다. 실제로 돈이 없다. 일지상신 丑은 財星으로, 본 점에서는 吉하다. 그러나 천공을 승하고 있다. 또 일지음신 申은 귀살로 등사를 승하고 있다. 또한 간•지가 교차로 相剋을 하고 있다. 따라서 쌍방이 협상을 할 수 없는 관계가 된다.

3. 발용(초전) 酉는 丁馬에 귀살이 되어 주작이 승해있다. 제1과에서 발용이 된 것이다. 주로 일은 밖에서 일어난다. 반드시 외출시 비용이 많이 들고 구설이 있다. 중전 辰과 말전 亥는 공망이 된다. 또 3전이 모두 自刑을 가지고 있다. 자기 스스로 어려움을 조성함을 알 수 있다. 중전 辰土는 財星으로 공망이고, 말전 亥는 장생으로 암재를 가지고, 일간과 干合을 하고 있다. 또 시작부터 끝까지 財를 得할 상이다. 그러나 亥水는 장생으로 공함이 된다. 또 亥水의 둔재 己土는 공함으로 인하여 財의 역할을 할 수 없다. 亥水는 숫자로 4이다. 청명이 지난 辰月 財爻가 득령을 한다. 따라서 辰月에 4천만원을 받을 수 있다. 일지상신 丑 역시, 일간의 財星이다. 또한 지반 午에 앉아 得生을 하고 있다. 丑은 숫자로 8이다. 따라서 8천만원을 받을 수 있다. 그러나 丑이 未年과 세파가 되어 크게 손실을 본다. 또 年

命 未申 상신이 寅•卯로써 비겁이 된다. 따라서 감소하여 4로 된다. 그러므로 4천만원은 회수될 수 있다.

• 元首課
• 四絶

畢法賦의 해석과 과전 적용

	해 석	과전 적용
82법	不行傳者考初時 중•말전이 공망이 되는 것을 말하며, 중•말전이 공망이 되면 초전 만으로 그 길•흉을 판단한다. 반대로 초•중전이 공망일 때도 말전 만을 가지고 그 시류를 따져 길•흉을 판단한다.	중전 辰은 순공이고, 말전 亥는 함공이 된다. 따라서 초전 酉로 그 시류를 따져 길•흉을 정단한다.
64법	夫婦蕪淫各有私 일간은 지상을 극하고, 일지는 간상을 극해, 서로 교차극이 형성 될 때를 말하며, 부부가 각자 사정(私情)을 나누는 상으로 혼인정단에서도 흉하고, 경상정단 에서도 흉하다.	일간 甲은 일지상신 丑을 극하고, 지진 午는 일간상신 酉를 극하여, 교차극이 형성되어 무음(蕪淫)이 된다.

차용 · 변제(借用 · 辨濟)의 여부

돈을 돌려받을 수 있을까?

豫題 50. 甲申年 丙寅月 甲戌日(空 申酉) 未時 (亥將)
命 - 癸巳　年 - 巳　晝占

戊	壬	甲
白 寅	后 午	合 戌
戊	寅	午

工	甲	戊	壬
后 午	合 戌	白 寅	后 午
甲 寅	午	戊	寅

<table>
<tr><td>○
朱 酉
巳</td><td>甲
合 戌
午</td><td>乙
勾 (亥)
未</td><td>丙
青 子
申</td></tr>
<tr><td>○
匕 申
辰</td><td colspan="2" rowspan="2">甲戌日
9局</td><td>丁
空 丑
酉</td></tr>
<tr><td>癸
貴 未
卯</td><td>戊
白 寅
戌</td></tr>
<tr><td>壬
后 午
寅</td><td>辛
陰 巳
丑</td><td>庚
玄 辰
子</td><td>己
常 卯
亥</td></tr>
</table>

課象分析

1. 일간을 청구인, 일지를 차용인으로 보고, 오늘 일간 甲木은 寅月에 旺相하고 기세가 있다. 일간상신 午火는 천마가 되고 천후가 승하여 외전(外戰)을 하고 있다. 외부로부터 나온 것이 극명하다. 간상 午는 일간을 탈기한다. 또한 초전 발용 寅은 월신살 대모(大耗)가 되고 세파가 된다. 따라서 알 수 있는 것은 본전이 손해를 볼 수 있다. 그러나 다행히 일간음신 戌土 재성(財星)으로 길장인 육합이 승해 있다. 육합이 財를 만들어 내는 상이다. 戌은 또한 일간의 지진(支辰)이다. 상대를 나타낸다. 일록인 寅은 일지에 임했다. 干에서 支를 극하는, 일명 「췌서(贅婿」라 한다. 타인에게 굽히는 상이다. 일록 寅의 상신에 백호가 승해 있고, 이 백호는 도로의 신이다. 타인에게 몸을 굽히는 상이다. 따라서 찾아가 빚을 독촉하는 상이다. 그러므로 외출하여(찾아가) 빚 독촉함이 유리하다.

2. 3전은 寅•午•戌 삼합을 하여 일간을 탈기하고 일지를 생하고 있다. 「택광인쇠(宅廣人衰)」라 하여, 집은 넓은데 사람이 없는 것을 말한다. 다르게 표현하여 집이 넓어서 사람을 쇠하게 한다. 그러나 다행스럽게도 3전이 초전부터 말전까지 체생을 하여 말전 戌土 財星을 생조하고 있다. 先 비용이 발생하고 후에 財를 득하는 상이다. 「환혼지채(還魂之債)」라 하여 돈을 돌려받는 것에 크게 유리한 상이다.

3. 과전이 寅•午•戌 삼합으로 火局으로 이루어져 염상(炎上), 火는 움직임이다. 또한 일이 빠름을 나타낼 수 있다. 또한 일간의 德•祿에 백호가 승하고 암재가 발용하고 있고, 월건신으로 旺氣를 나타낸다. 따라서 財를 만들기에는 좋은 기운으로 작용한다.

• 元首課

- 生胎格
- 炎相格
- 六儀格
- 六陽格
- 權攝不正格
- 迴遠格

畢法賦의 해석과 과전 적용

	해 석	과전 적용
40법	后合占婚豈用媒 천후와 육합, 육합과 천후의 조합이다. 간 • 지에 천후 • 육합이 승할 때, 主는 부부가 私情을 통한다.	甲戌日 9局 정단에서 일간상신 午와 음신 戌에 각각 천후와 육합이 승하고, 중 • 말전 역시 천후와 육합이 승했다. 일여격(泆女格)으로 여성이 먼저 남성에게 유혹하는 격이다.
5법	六陽雖足須公用 4과3전이 모두 陽으로 구성될 때, 모든 모망사에 公的으로 유리하고, 私的인 것은 불리하다.	3과 3전이 모두 양으로 구성. 4과는 午 • 戌 • 寅 • 午 와 3전은 寅 • 午 • 戌 일간의 자손국으로 형성되어 있다.
8법	權攝不正祿臨支 일간의 록신이 지상에 임할 때이다. 나의 록이 타인에게 가는 격으로 모든 일에 타인의 굴욕을 받는	일지상신 寅은 일간의 록신(祿神)이다. 또한 백호가 승하여 발용(초전)이 되어 자손국으로 일간을 탈기하고 일지를 생조하고 있다. 집

	해 석	과전 적용
8법	다. 모든 나의 권한이 유명무실해진다. 록을 손실하기 때문이다.	은 넓은데 사람이 없는 상이 된다.
84법	**合中凡殺密中砒** 3전이 합국을 이룰 때, 일신(一神)이 간 • 지상과 刑 • 冲 • 破 • 害가 될 때 主는 모든 모망사는 성취 도중 실패를 본다. 속되게는 남이 내 등에 칼을 꽂는 격이다.	3전이 寅 • 午 • 戌로 일간의 자손국이 되나 일간상신 午와 중전의 午는 자형이 된다. 따라서 합중범살이 형성된다.
30법	**屋宅貢廣致人衰** 3전에서 일간을 탈기하여 일지를 생해주는 것으로, 적은 식구가 넓은 가택에 거주하여 식구는 날로 쇠약해지고 우환과 어려움이 생기니 마땅히 거주하는 장소를 버리고 다른 거주지로 옮기는 상황이 된다. 모든 일에서 나는 쇠하고 타인은 왕하며, 나는 패하고 타인은 이긴다.	3전 寅 • 午 • 戌 일간의 자손국이 되어 일간을 탈기하고 일지 戌을 생조한다. 사람은 없고 집은 넓은 격으로 쇠락의 길로 이사를 가야 한다.

8장

질병정단

(疾病正斷)

질병적 길 · 흉(疾病的 吉 · 凶)

남편의 질병은 어떨까?

豫題 51. 辛巳年 癸巳月 丁酉日(空 辰巳) 未時 (申將)
命 - 甲午　年 - 丑　晝占

己	庚	辛
貴 亥	后 子	陰 丑
戌	亥	子

丙	丁	戊	己
合 申	朱 酉	匕 戌	貴 亥
丁未	申	酉	戌

甲 青 午 巳○	乙 勾 未 午	丙 合 (申) 未	丁 朱 酉 申
○ 空 巳 辰○	丁酉日 12局		戊 匕 戌 酉
○ 白 辰 卯			己 貴 亥 戌
癸 常 卯 寅	壬 玄 寅 丑	辛 陰 丑 子	庚 后 子 亥

課象分析

1. 처가 남편의 병점(病占)을 보았을 때 官星이 유신이다. 지금 관성 亥水는 귀인이 승하여 발용하였으나 협극이 되고 세파와 월파를 하고 있다. 이는 남편이 파재(破財)에 의해 생겨난 질병이 된다.

2. 질병 점에서 일간을 사람으로 보고, 일지를 질병으로 보는 것을 원칙으로 한다. 지금 일지 酉金은 폐(肺)에 속한다. 호흡계통을 말할 수 있다. 일지상신 戌은 병의 증상을 말한다. 그러므로 폐, 위장에 질병이 같이 있다. 일지상신 戌은 일간의 묘신이고 등사가 승하여 酉에 임하여 있다. 이를 문호(門戶), 즉 門의 위에 있어 「묘문개격(墓門開格)」으로, 위험한 사상(死喪)을 나타낸다. 질병 점에서는 아주 흉하다. 일간상신 申과 음신 酉는 월신살 사기(死氣)와 사신(死神)이다. 모두 질병 점에서는 불길한 징조이다. 질병이 매우 중하게 들어 있다. 생명의 위험이 있다.

3. 3전 亥•子•丑 삼합 귀국(鬼局)이 일간을 극하여 크게 흉하다. 그러나 다행히 초전의 亥는 일간의 덕신이고 귀인이 발용하였다. 흉이 길로 변하는 상이다. 본명 午의 상신 未는 천의(天醫)이고 자손효로 구재(救財)의 신이다. 귀살을 제극할 수 있다. 또 행년 丑은 지의(地醫)를 이루고 있다. 또한 상신 寅은 귀살을 인종하여 일간을 생하고 있다. 또 귀살인 亥水와 破를 하고 라망에 든다. 위험에서 구할 수 있는 상이다. 천의 未는 구신으로 귀살을 제극한다. 『畢法賦』 68法에서 「제귀지위내양의(制鬼之位乃良醫)」라 한다. 또한 未는 서남(西南)을 가리킨다. 서남방향 쪽에서 치료가 가능하다.

응기(應期) : 응기는 말전 丑이 冲하는 未의 시기에 질병이 낫는 시기이다. 따라서 소서(小暑) 이후 未月에 치료되어 퇴원한다.

• 知一課

• 進連株格

• 斬關格

• 墓門開格

畢法賦의 해석과 과전 적용

	해 석	과전 적용
55법	**所謀多拙逢羅網** 간상에 干前 一辰이 임하고, 지상에 支前 一辰이 될 때 천라지망이 된다. 이 괘를 얻으면 그물로 몸과 가택을 하늘의 철그물로 옥죄는 상이 된다.	일간상신 申은 기궁 未의 前1辰이고, 일지상신 戌은 일지 酉의 前1辰이 된다.
85법	**初遭夾剋不由己** 초전이 협극을 당하게 되면 자유롭지 못하다. 지반은 천반을 극하고 천장은 천반을 극하고 있다. 길신이 형극을 당하면 흉하고, 흉신이 형극을 당하면 흉을 면할 수 있다.	초전 亥는 지반 戌로부터 내전을 당하고 천장 귀인(己丑)으로부터 외전을 당하여 형극이 된다.
11법	**衆鬼雖彰全不畏** 육처에 귀살이 많아도 떼귀살 제극(制剋)신이 있어서 귀살의 피해를 방지한다. 모든정단에서 놀라운 액을 면하지는 못하지만 시간이 흐를수록 두렵지않고 결국은 화가 되지 않는다.	3전이 亥 • 子 • 丑 회합으로 水局을 형성하나 지상 戌(구제신)이 되어 鬼를 방지할 수 있다.

	해 석	과전 적용
42법	**尊崇傳內遇三奇** 삼기과에서 丑은 일기, 子는 월기, 亥는 성기 이다. 甲子•甲戌 순에 丑이 발용, 甲申•甲午 순중에는 子가 발용, 甲辰•甲寅 순은 亥가 발용되어 3전 중에 3신이 들면 "연주삼기"라 한다. 군자가 정단하면 높은 벼슬아치가 되고, 일반인이 정단하면 재앙이 사라진다.	3전에 초전 亥는 성기이고, 중전 子는 월기이고, 丑은 일기가 되어 3기를 구성한다. 재앙은 사라지고 흩어져 매사에 길하다.
68법	**制鬼之位乃良醫** 백호를 극하는 오행으로 백호의 극신이 치료방법이 된다. 따라서 질병정단에서 양의로 보고, 만일 백호를 제압하는 신에 귀인이 승하면 반드시 허물을 풀어주는 윗 어른을 만나게 된다.	귀살을 구하는 신의 하방으로 일지상신 戌이 구제신이고, 그 하신인 酉가 양의의 방향이다.

질병적 길 · 흉(疾病的 吉 · 凶)

아이의 질병 여하? 아이가 어떤가?

豫題 52. 壬午年 甲辰月 丁未日(空 寅卯) 辰時 (戌將)

命 - 甲戌　年 - 戌　晝占

乙	癸	癸
空 巳	陰 丑	陰 丑
亥	未	未

癸	丁	癸	丁
陰 丑	勾 未	陰 丑	勾 未
丁 未	丑	未	丑

辛 貴 亥 巳	壬 后 子 午	癸 陰 丑 未	○ 玄 寅 申
庚 ヒ ㉺戌 辰	丁未日 7局		○ 常 卯 酉
己 朱 酉 卯○			甲 白 辰 戌
戊 合 申 寅○	丁 勾 未 丑	丙 青 午 子	乙 空 巳 亥

課象分析

1. 아버지가 아들의 점을 물었다. 육합을 소아유신으로 본다. 또한 일간을 환자, 일지를 질병으로 본다. 현재 일간 丁火는 아홉개의 土에서 탈기를 당한다. 일간의 선봉(점시)도 辰土를 봉하여 열개의 土에 탈기를 당한다. 허탈지상이다. 질병의 뿌리는 土에 있다. 또 선봉 辰土는 백호가 승해 있어 흉하다. 질병정단에서 매우 두렵게 나타난다. 그러나 다행히 일간 丁은 태세 午가 일간의 록신이 된다. 또 봄 정단에서 丁火는 유기(有氣)하다. 다시 연명 戌은 월장을 봉하고, 점시에 백호가 승한 辰土와 冲을 하고 있다. 따라서 凶을 凶으로 制하고 있다. 따라서 질병은 걱정하지 않아도 된다. 위험한 순간은 모면할 수 있다.

2. 일지상신 丑은 병증을 뜻한다. 따라서 丑은 복부 쪽이 된다. 위장병의 증상이다. 발용 巳火는 병부이고, 둔간 乙木은 土를 극한다. 巳는 「손(巽)」卦로, 손은 「풍(風)」을 말한다. 乙木 역시 主는 바람 風이다. 따라서 「풍한습위(風寒襲胃)」지병 이다. 중•말 양 전이 암귀 癸를 봉하여 일간을 극하고 있고 폐구가 되어 있다. 음식 먹는 것을 胃 부분이 막혀 소화, 또는 받아들이지 못하는 상황이 된다. 과전 또한 육음격(六陰格)으로 극음(極陰)이 된다. 丑과 未는 서로 相冲이다. 냉과 열에 부주의한 병증이다.

3. 과전이 비록 4重의 암귀로 되고, 또 9土로 鬼殺로 극을 하지만, 제극이 되어 귀살 역시 어쩔 수 없다(鬼의 작용이 안된다). 비록 凶을 봉했지만 吉이 되는상이다. 반음과에서의 근병(近病)은 冲을 봉하면 즉시 낫는다. 따라서 잘(흔쾌히) 회복되었다. 또한 유신인 육합 申은 왕한 土를 설기하고 있으나 락공이 된다. 따라서 다음날인 申일 나을 수 있다.

• 返吟課

• 斗鬼相加格

• 閉口格

• 井欄事格

• 勵德格

• 六陰格(極陰格)

畢法賦의 해석과 과전 적용

	해 석	과전 적용
15법	**脫上逢脫防虛詐** 일간에서 그 상신을 생하고, 그 상신에서 다시 천장을 생하는 것을 탈상탈(脫上脫)이라 한다. 모든 정단에서 심하게 탈모를 당하고 속임을 당하여, 그 실속 없음을 방지해야 한다.	일간 丁은 일간상신 丑에 탈기를 당하고, 일간상신 丑은 천장인 태음(辛酉)에 이중으로 탈기가 되어 일간이 모두 脫을 당하는 경우이다.

질병적 길 · 흉(疾病的 吉 · 凶)

아내의 질병은 어떠하겠는가?

豫題 53. 壬午年 辛亥月 戊戌日(空 辰巳) 丑時 (寅將)

命 - 丙午　年 - 申　借客 書占

己	庚	辛
亥 常	子 白	丑 空
戌	亥	子

甲	乙	己	庚
午 ヒ	未 貴	亥 常	子 白
戊巳	午	戌	亥

甲 午 ヒ 巳 ○	乙 未 貴 午	丙 申 后 未	丁 酉 陰 申
○ 巳 朱 辰 ○	戊戌日 12局		戊 戌 玄 酉
○ 辰 合 卯			己 亥 常 戌
癸 卯 勾 寅	壬 (寅) 青 丑	辛 丑 空 子	庚 子 白 亥

課象分析

1. 질병점에서 일반적으로 일간을 환자, 일지를 질병으로 본다. 또한 일지상신을 병증으로 본다. 일간상신은 병의 원인이 된다. 현재 일지상신 亥水인 처재효는 상하로 협극이면서 발용되어 있다. 아마도 부인의 몸이 질병으로 인해 자유스럽지 못한 상황이다. 亥水는 머리이다. 또 신장이다. 신장이 허하여 허리가 아픈 병이다. 머리도 혼미한 상황이다. 일지음신 子는 백호가 승해있다. 『畢法賦』 67法에서 「수호극신위병증(受虎剋神爲病證)」이라 하여, 현재 子水는 백호가 승하여 일간상신 午와 冲을 하고 있다. 또 3전이 水局으로 방합을 하여 일간상신 午와 冲剋을 하고 있다. 일간상신 午는 환자의 본명과 같다. 따라서 본명이 3전 水局과 冲剋을 하고 있다. 질병이 있음을 알 수 있다. 또한 본명에 양사협묘(兩蛇夾墓)가 되며, 간•지상이 라망(羅網)이 된다. 일간의 록신인 巳火는 공망이면서 함공이 된다. 아주 흉한 상이 된다. 등사는 火에 속한다. 따라서 입마름병이 되고 혀가 깔깔하다. 또한 발열이 나고, 복부가 부스럼이 나고 가려움증이 있다. 본명 午는 양사협묘가 되어 선어풍(鱔魚瘋)의 질병을 가지고 있는 상이다. 이로써 깊은 질병이 위험하다는 것을 알 수 있다. (근거를 보면 복부 위는 火의 독으로 인한 부스럼이 깊은 상이고, 이는 등사의 형상이다. 한 가지 더 등사의 머리와 꼬리가 서로 접하는 상으로 환자는 사망할 수 있다.) 그러나 다행스럽게 본명 午는 태세를 이루고 순수이다. 또 본명 午 상신 未土는 귀인이며 지의(地醫)이다. 백호가 승한 子水를 극제할 수 있다. 병증은 火이고, 병의 원인은 水이다. 따라서 질병이 위험하더라도 구제할 수 있다.

2. 동북방향은 간(艮)卦의 방향이다. 다시 말하면 丑寅 방향이다. 寅은 일간의 귀살로 백호를 극제하지 못한다. 또 丑은 백호의 음신으로, 천의로 백호를 극제한다. 질병을 방지하는데 근거를 둘 수 있다. 초전 亥와 중전 子는 방합으로, 水局으로 백호를 제극하는 것은 불가능하다. 오히려 백호를

도와 일간을 상하게 하고 있다. 따라서 동북방향의 의사에게 진료를 받으면 도리어 효과가 없고 서로 해가 된다. 서남방을 坤으로 보고 未•申에 배속된다. 현재 未에 귀인이 승하고 천의로 만들어 백호를 制할 수 있다. 申 아래 未가 임했으니, 『畢法賦』 68法에서 제귀지위내양의(制鬼之位乃良醫)라 한다. 未는 양이고, 그 음은 여자이다. "羊"은 "楊"이다. 두 단어가 조화가 된다. 未 가운데 木이 있고, 楊 역시 木이 들어 있다. 그러므로 알 수 있는 것은 서남방에 양의(羊醫)가 산다. 능히 고친다.

- 重審課
- 進茹格
- 三奇格

畢法賦의 해석과 과전 적용

	해 석	과전 적용
55법	**所謀多拙逢羅網** 간상에 干前 一辰이 임하고, 지상에 支前 一辰이 될 때 천라지망이 된다. 이 괘를 얻으면 그물로 몸과 가택을 하늘의 철그물로 옥죄는 상이 된다.	일간상신 午는 일간기궁 巳의 간전 일진이 되고, 일지상신 亥는 일지 戌의 지전 일진이 된다.
68법	**制鬼之位乃良醫** 백호를 극하는 오행으로 백호의 극신이 치료방법이 된다. 따라서 질병정단에서 양의로 보고, 만일 백호를 제	질병정단에서 일지를 병으로 보고, 지상신을 병증으로 본다. 일지상신 亥에 백호가 승하여 처의 질병으로 보는데,

68법	압하는 신에 귀인이 승하면 반드시 허물을 풀어주는 윗 어른을 만나게 된다.	여기를 극하는 신이 일간음신 未 귀인이다. 이는 未방향에 양의를 보면 된다.
42법	**尊崇傳內遇三奇** 삼기과에서 丑은 일기, 子는 월기, 亥는 성기 이다. 甲子 • 甲戌 순에 丑이 발용, 甲申 • 甲午 순중에는 子가 발용, 甲辰 • 甲寅 순은 亥가 발용되어 3전 중에 3신이 들면 "연주삼기"라 한다. 군자가 정단하면 높은 벼슬아치가 되고, 일반인이 정단하면 재앙이 사라진다.	甲午 순에서 3전이 亥 • 子 • 丑으로 구성되어 "연주삼기"라 한다. 일반인은 재앙이 사라진다.
75법	**賓主不投刑在上** 무릇 일간과 일지에 刑이 봉해지면 도모하는 교섭사는 반드시 다른 마음이 있다. 1. 一字刑 : 辰 • 午 • 酉 • 亥(自刑) 2. 二字刑 : 子卯 3. 三字刑 : 寅巳申, 丑戌未(三刑) 로 세가지 유형으로 나뉜다.	일간상신 午와 일지상신 亥는 각각 午-午, 亥-亥의 자형을 형성하고 있다. 간지상신 午와 亥는 각각 일자형이 된다. 즉 자형이 되는 것이다.
95법	**六爻現卦防其剋** 3전에서 局을 형성한 爻로서, 그 爻의 극을 받는 육친이 손상이 된다. 예를 들어 3전이 처재효이면 부모가, 부모효이면 자손이, 자손효이면 남편 또는 구관(求官)이, 관귀효이면 형제효가 불리하다. 또한 형제효이면 처가 불리	3정이 亥 • 子 • 丑 으로 진연주 水의 방합이 된다. 이 경우 간상의 午 부모효를 다치게 할 수 있으나, 일간음신 未가 있어 크게 영향을 받지 않는다.

	해 석	과전 적용
95법	하다. 간상의 신에서 변화를 시키면 해가 되지 않는다. 통관지국이 되어도 해가 없다.	
14법	**傳財太旺反財虧** 3전에 재물이 태왕하면 오히려 무재가 될 수 있다. 단지 일간이 왕성해 지는 달을 기다려 재물의 기운이 쇠한 월령에 이르러야 취할 수 있다.	3전이 亥 • 子 • 丑 으로 일간의 재신(財神)이 되는데, 亥月의 기운이 왕성하여 일간 戊로는 취할 수 없는 財이다. 戊가 왕성해지고 水의 기운이 약할 때 취해진다.
85법	**初遭夾剋不由己** 초전 발용이 지반으로 극을 받아 내전이 되고, 그 천장에서 극을 받아 외전이 되어 협극이 된다. 정단에서 반드시 본인은 부자유스럽게 타인에 의해 축출이 된다. 그러나 흉신이 협극을 당하면 그 해를 방지할 수 있다.	초전 亥는 지반 戊로 극을 받고, 또한 천장인 태상(戊辰)으로부터 외전을 받아 협극이 된다.

질병적 길 · 흉(疾病的 吉 · 凶)

형수의 병이 어떨까요? 악화되지 않는지?

豫題 54. 壬午年 乙巳月 辛巳日(空 申酉) 巳時 (酉將)

命 - 丙子　年 - 寅　晝占

○	丁	辛
青 酉	ヒ 丑	玄 巳
巳	酉○	丑

戊	壬	○	丁
貴 寅	常 午	青 酉	ヒ 丑
辛 戌	寅	巳	酉○

○ 青 ㊀酉 巳	甲 勾 戌 午	乙 合 亥 未	丙 朱 子 申○
○ 空 申 辰	辛巳日 9局		丁 ヒ 丑 酉○
癸 白 未 卯			戊 貴 寅 戌
壬 常 午 寅	辛 玄 巳 丑	庚 陰 辰 子	己 后 卯 亥

課象分析

1. 일간을 환자, 일지를 질병으로 본다. 현재 일간상신 寅은 金日의 절신(絶神)이다. 따라서 귀인은 질병을 막을 수 없다. 일간음신 午火는 태세가 되고 장생이 되나, 귀살이 되어 일간을 극하고 있다. 질병정단에서 불길하다. 지진 巳火는 병부(전년도 태세와)이고, 월건 巳火와 일간 巳일, 시간 巳시가 모두 일간을 극한다. 일지의 음신 丑은 등사를 승하고 일간의 묘신이고 둔간에 丁馬가 임하여 일간을 극하고 있다. 또 3전 중 초전 酉는 순공이고, 중전 丑은 함공이 되어 말전으로만 정단할 수밖에 없다. 그런데 말전 巳火는 병부(病府)에 일간을 극한다. 질병정단에서 바람직하지 않다(흉하다). 일지상신은 병증을 나타낸다. 지금 일지상신 酉金은 일록이지만 巳에 앉아서 록을 상하고 있고, 청룡이 승하여 내전을 하고 있다. 이에 병의 근원이 火임을 알 수 있다. 폐와 간이 모두 손상을 당했다(지반 巳와 천반 酉와 천장 청룡에 의한 내전 때문이다). 일지음신 丑은 등사가 승하여 둔귀 丁神인 일간을 극하고 묘신이 된다. 등사의 主는 괴이(怪異)이다. 따라서 괴이하고 놀라운 병증이 보인다.

2. 태세 午는 귀살이 되어 일간을 극한다. 따라서 한 해 동안 불길할 수 있다. 3전이 金局으로 삼합을 하여 환자의 어려움은 줄어들 수 있다(흩어진다). 환자의 질병이 끝남을 알 수 있다. 그러므로 금년 발생한 질병은 비교적 무겁기 때문에 단시간에 치료되기는 쉽지 않다. 질병점에서 일록이 공망인 것은 본인에게 크게 흉하게 작용한다. 그러나 다행히 일록이 월장이 되어 흉이 소멸된다. 이에 첫 번째 구함은 등사가 묘신이 되어 지의(地醫)가 되고 丁神이 일간을 극하고 있다. 따라서 지의로써는 질병을 고칠 수 없고, 다행히 未土 백호가 천의(天醫)가 되어, 중전 丑土 등사를 冲하여 묘신을 깨트리며, 흉으로 흉을 제하는 상이다. 또 두 번째 구함은 행년 寅의 상신인 午는 태세를 봉하여 일간을 극하고 있으나, 다행히 본명 子 상신 천강

辰이 길신인 태음을 승하여, 귀를 인종하여 일간을 생하고 있다. 또 세 번째 구함은 본 병의 정단은 생명의 지장을 주지 않는다.

3. 『畢法賦』 68法에서 「제귀지위내양의(制鬼之位乃良醫)」라 하여, 현재 火는 귀살이고, 이 귀살을 制할 수 있는 것이 水이다. 그러므로 최고로 좋은 것은 거주지에서 북쪽의 의원을 찾아 치료하면 효과가 있어서 질병은 악화될 리가 없다. 따라서 말전의 冲지를 질병이 회복되는 시기로 보고, 입동 후 亥水가 당령(當令)할 때 가능하고, 또한 말전 巳火 병부로 귀살이다. 따라서 입동 후에 호전 될 것으로 보인다. 금년 행년이 寅이고 상신 午 귀살이 태세가 되어 干을 극하고, 내년 행년이 丑이 되어 상신 巳火는 병부로 귀살로서 일간을 상하게 하고, 내후년 행년은 子로 子의 상신 辰土는 인성으로 귀살을 인종하여 일간을 생하여 길하다. 따라서 질병은 내후년 입동 후 호전된다. 또한 내후년 복약 후 건강을 회복할 수 있다.

- 重審課
- 從革格
- 權攝不正格
- 墓空格

畢法賦의 해석과 과전 적용

	해 석	과전 적용
25법	金日逢丁凶禍動 庚•辛일 날 丁馬가 봉해지면 흉이 動한	辛巳日정단에서 제4과 둔간에 丁馬가 봉하고 중전

	해 석	과전 적용
25법	다. 그러나 관직자가 정단하면 부임은 지극히 빠르다. 또한 정신에 구진이 승하면 반드시 관사를 입게 되고, 흉장이 승하면 흉장의 시류에 따라 그 흉이 발생한다.	역시 丁馬가 봉해져 있다. 이럴 경우 金日(庚・辛)일 흉은 더욱 빠르게 움직인다.
84법	**合中凡殺密中砒** 3전이 합국을 이룰 때, 일신(一神)이 간・지상과 刑・冲・破・害 가 될 때 主는 모든 모망사는 성취 도중 실패를 본다. 속되게는 남이 내 등에 칼을 꽂는 격이다.	3전이 酉・丑・巳의 金局으로 구성되어 있다. 여기에서 일지 상 酉와 3전 중 酉와 자형으로 합중 형을 하고 있다.
95법	**六爻現卦防其剋** 3전이 局을 이룰 때는, 그 害를, 즉 극을 당하는 六親을 잘 살펴야 한다. 따라서 害를 당하는 육친은 그 害를 구(救)하는 天神이 없으면 害를 받는다.	3전에 酉・丑・巳는 일간의 兄爻이다. 이때 3전의 兄爻는 財星에 위협을 가하여 처나 재물에 손상을 줄 수 있으나, 일간음신 午가 구제신이 된다.
8법	**權攝不正祿臨支** 일간의 록신이 지상에 임할 때이다. 나의 록이 타인에게 가는 격으로 모든 일에 타인의 굴욕을 받는다. 모든 나의 권한이 유명무실해진다. 록을 손실하기 때문이다.	일지상신 酉는 일간의 祿이다. 祿이 일지상신에 임해있다.
82법	**不行傳者考初時** 중・말전이 공망이 될 때, 초전으로 정단의 길・흉을 파악하거나, 초・중전이 공함이 될 때, 말전으로만 시류를 파악하여 정단의 길・흉을 본다.	초전 酉는 순공이 되고, 중전 丑은 함공이 되어, 살아있는 말전 巳로만 정단을 한다.

질병적 길 · 흉(疾病的 吉 · 凶)

여동생의 질병에 어느 방향의 의사치료가 좋을까?

豫題 55. 壬午年 癸丑月 丁亥日(空 午未) 巳時 (丑將)
命 - 壬子　年 - 午　晝占

○	辛	丁
常 未	勾 卯	貴 亥
亥	未	卯

辛	丁	○	辛
勾 卯	貴 亥	常 未	勾 卯
丁 未	卯	亥	未 ○

己 朱 丑 巳	庚 合 寅 午 ○	辛 勾 卯 未 ○	壬 青 辰 申
戊 匕 子 辰	丁亥日 5局		癸 空 巳 酉
丁 貴 亥 卯			○ 白 午 戌
丙 后 戌 寅	乙 陰 酉 丑	甲 玄 申 子	○ 常 未 亥

課象分析

1. 본 과는 섭해과이다. 또 섭해가 4중으로 깊다. 병점에서 섭해를 득하면 오래된 병이다. 일간을 환자, 일지를 병증으로 본다. 현재 일지상신 未는 음신 卯가 3전의 木局에 함께 걸쳐있다. 未는 위장이나 간담에 속한다. 태과나 불급하면 모두 이 병이 된다. 따라서 본 질병은 위장이나 간담 쪽의 병임을 알 수 있다. 4과에 있는 것이 3전에 모여 있는 것을 회환(回還)이라 한다. 본 질병정단에서 옛병(舊病)에 해당된다. 반복되는 질병이다. 또한 3전에서 삼합을 하여 육합이 되면 질병은 쉽게 해소되기 어려워진다. 따라서 본 질병은 쉽게 떨어지지 않고 오래 끌어 완치가 어려운 질병이다.

2. 일간은 사람이고, 일지는 집인데, 현재 3전의 합국은 일지를 탈하고 일간에 생한다. 『畢法賦』 29法에서 「권속풍영거협택(眷屬豊盈居夾宅)」이라 하여, 사람은 旺하고 집은 쇠퇴한 상이다. 또 과전은 순음격(純陰格)이다. 이로써 알 수 있는 것은 현재 살고 있는 가상이 매우 협착되어 광선(陽光)이 좋지 못하고 음기가 중하다. 과전이 모두 木으로 구성되어 일명 "곡직(曲直)"이다. 곡직은 木이 태과하여 火를 막고 있다. 태과는 오히려 불급하다. 가옥근처에 수목이 많이 있을 수 없다. 신체가 이겨낼 수 없다. 일지는 일간을 극하고 未가 가택에 임하고, 말전 亥는 둔간에 정마를 봉하고 선봉 巳 역마와 冲을 하고 있다. 사람과 집이 안온하지 못한 상이다. 지상 未가 宅에 임했으나 공망이 된다. 또 과전은 "췌서(贅婿)"를 득하고 있다. 따라서 정단을 하면 현재 별채를 빌리던지, 혹은 다른 곳으로 옮겨야 한다. 일지상신 未(일간기궁)는 내년의 태세가 되어 宅에 임하여 宅인 亥를 극한다. 집이 폐허가 되는 상이다. 따라서 정단하건데, 내년에는 新宅으로 이주해야하는 상이다.

3. 일간의 귀인과 일덕은 亥로, 亥는 피해를 받지 않는다. 따라서 화(禍)가

해소될 상이다. 본명 子는 등사가 승하여 일간을 극하는 귀살이다. 그러나 다행히 등사는 묘지에 앉았다. 따라서 그 해 역시 경미하다. 또한 生氣로서 死氣인 巳를 극제한다. 그러므로 질병으로 인해서 생명의 위험은 없다. 의사를 구하는 방위는 『畢法賦』 68法에서 「제귀지위내양의(制鬼之位乃良醫)」라 하여, 발용인 未가 귀살을 制하는 의신(약신)이 된다. 未는 서남쪽이다. 다시 말해, 과전은 木이 태과하고 남방쪽의 火를 木이 도와 일간을 생조해준다. 그러므로 치료방위는 남쪽이나 혹 서남방향의 의사를 만나면 효과가 있다. 未는 亥에 임했다. 亥는 동물 돼지에 속한다. 未는 土 양에 속한다. 모두 양(楊)에 속한다. 주작인 丑土는 성(性)으로 보면 未는 음신으로 여성을 나타낸다. 그러므로 돼지나 양에 의해 채워진다. 주작 丑土 성씨의 여의사가 질병을 고칠 수 있다. 이유는 본 과가 회환을 득했기 때문이고 불비이기 때문이다. 모든 일이 어렵게 이루어 아름답게 완성된다. 따라서 반복하여 치료하고 조리하면 완치가 될 수 있다.

- 涉害課
- 曲直格
- 不備格
- 回還格

畢法賦의 해석과 과전 적용

	해 석	과전 적용
29법	眷屬豊盈夾居宅 3전에서 일간을 생하지만, 오히려 지진을 탈기하는 경우이다. 이 과를 득하면 넓고 큰 가옥으로 옮겨서는 절대 안 되고, 오히려 재앙과 허물을 만들 위험이 있기에, 천리를 거스르면 안 된다.	3전 未•卯•亥의 곡직 木局을 형성하여 일간 丁을 생하며, 일지 亥를 탈기한다. 사람은 旺하고 가택은 衰한 경우이다.
82법	不行傳者考初時 중•말전이 공망이 될 때, 초전으로 정단의 길•흉을 파악하거나, 초•중전이 공함이 될 때, 말전으로만 시류를 파악하여 정단의 길•흉을 본다.	초전 未는 순공이 되고, 중전 卯는 함공이다. 오로지 말전 亥로만 정단을 판단한다.
6법	六陰相繼盡昏迷 과전 육처가 모두 음으로만 구성되어 있는 것으로, 公事는 이롭지 못하고 私事에 이롭고 음모에 좋다.	4과 卯•亥•未•卯와 3전 未•卯•亥로, 모두 陰으로 구성되어 있다.

질병적 길 · 흉(疾病的 吉 · 凶)

교통사고 발생 생 • 사 여부?

豫題 56. 壬午年 癸丑月 甲午日(空 辰巳) 巳時 (子將)
命 - 癸卯　年 - 巳　晝占

丁	○	己
朱 酉	玄 辰	勾 亥
寅	酉	辰 ○

丁	○	~~辛~~	~~辛~~
朱 酉	玄 辰	空 丑	匕 申
甲 寅	酉	午	丑

庚 青 (子) 巳 ○	辛 空 丑 午	壬 白 寅 未	癸 常 卯 申
己 勾 亥 辰 ○	甲午日 6局		○ 玄 辰 酉
戊 合 戌 卯			○ 陰 巳 戌
丁 朱 酉 寅	丙 匕 申 丑	乙 貴 未 子	甲 后 午 亥

課象分析

1. 질병점에서 일간을 사람, 일지를 질병으로 본다. 일간 甲木 상신 酉金은 귀살에 정마를 봉하고 있다. 수기(囚氣)에 해당된다. 이 모든 것이 산 넘어 산이다. 병점에서는 극히 흉하다.

2. 일지상신 재성 丑은 일간상신 酉金의 귀묘(鬼墓)를 만들고 있다. 일지음신 申은 등사가 승하고 귀살이 되어 일간을 극하고 있다. 甲木은 신체유신 중 머리에 해당한다. 현재까지의 상황에서 머리 부분이 중상을 당한 상이다. 중전 辰은 순공이고, 말전 亥는 함공이 된다. 따라서 초전으로 길•흉을 정단하여야 한다. 酉귀살은 정마를 봉하고 독발(獨發)하였다. 또 주작이 승하였다. 혈광지사를 면하기 어렵다. 말전 亥는 일간의 장생이나, 협극을 당하고 공함이 되었다. 또한 입묘가 되어 있다. 본명 卯상신 戌財는 귀살을 도와 일간을 극한다. 오로지 행년 巳상신 子인성은 청룡을 승하여 일간을 생조한다. 그러나 안타깝게도 子는 공함이 되고, 태세 午와 세파를 하고, 甲午日 일과도 일파(日破)를 한다. 또한 월건과 육합을 하고 있다. 일간을 구하기에는 무력하다. 더욱이 간지음신 辰은 조객이 되고, 申은 상문이 된다. 『畢法賦』 72法에서 「상조전봉괘호의(喪弔傳逢掛縞衣)」라 한다. 현재까지의 상황을 보면, 본 과의 질병정단은 크게 흉하고 구제가 되지 않는다. 따라서 酉日 사망한다. 정마 귀살이 빠르게 움직이기 때문이다. 또 酉일은 주작 위로 일간을 상하게 하기 때문이다.

- 元首課
- 四絶格

※ Point첨언

1. 일지는 일의 사안을 나타낸다.
금일 일지 午火는 甲日의 死神이 된다. 그 상신 丑은 천공이 승하고, 왕망(往亡)을 만들고, 午年의 세묘가 된다. 일지음신 전송 申은 역마를 만들고 상문을 겸한다. 출행시 차사고를 나타내기도 한다.

2. 선봉문 巳는 유신으로 비행기, 자동차를 나타낸다.
또한 선봉 巳는 전년도 태세인 병부(病府)를 지니고 있다. 또 사기(死氣)이면서 파쇄(破碎)이기도 하다. 巳의 상신은 子가 승하여, 子加巳는 사(死)를 나타내는 자의(字意)이기도 하다. 사상사(死像事)가 될 수 밖에 없다.

畢法賦의 해석과 과전 적용

	해 석	과전 적용
82법	**不行傳者考初時** 중 • 말전이 공망이 되면 초전으로 정단의 길 • 흉을 판단한다. 이때 시류를 잘 파악해야 한다.	중전 辰은 순공이고, 말전 亥는 함공이 되어 초전 酉로만 길 • 흉을 판단한다.
64법	**夫婦蕪淫各有私** 일간은 일지상신을 극하고, 일지는 일간상신을 극하여 교차극을 이룰 때, 부부는 私情으로 인해 불화하다.	일간 甲은 일지상신 丑을 극하고, 일지 午는 일간상신 酉를 극한다. 교차극이 형성되는 것이다.
72법	**喪弔傳逢掛縞衣** 태세의 前 2辰은 상문이고, 後 2辰은 조객이다. 만약 일간상신과 일지상신에 상문, 조객이 같이 봉해지면 흉학상사(喪事)가 발생한다. 만약 정단인의 행년과 본명상에 봉하면 그 해에 반드시 상복을 입는다.	일간음신 辰은 태세 午의 前 2位之인 조객이 되고, 일지음신 申은 태세 午의 後 2位之인 상문이 된다.

질병적 길 · 흉(疾病的 吉 · 凶)

큰 누이 병이 나을 수 있을까? 당뇨병에 대해

豫題 57. 壬午年 壬子月 庚午日(空 戌亥) 未時 (丑將)
命 - 戊戌　年 - 子　晝占

丙	壬	丙
后 寅	靑 申	后 寅
申	寅	申

丙	壬	甲	庚
后 寅	靑 申	匕 子	白 午
庚 申	寅	午	子

○ 朱 亥 巳	甲 匕 子 午	乙 貴 (丑) 未	丙 后 寅 申
○ 合 戌 辰	庚午日 7局		丁 陰 卯 酉
癸 勾 酉 卯			戊 玄 辰 戌○
壬 靑 申 寅	辛 空 未 丑	庚 白 午 子	己 常 巳 亥○

課象分析

1. 일간을 환자, 일지를 질병, 일지상신을 병증으로 본다. 현재 일지상신 子는 등사를 승했다. 또 일지음신 午는 백호를 승하고 귀살이 되고 태세가 되어 일간을 극한다. 따라서 환자는 비뇨계통의 질환을 앓고 있음을 알 수 있다. (그 이유는 水는 신장계통과 방광, 비뇨계통이므로..) 태세 午는 호귀(虎鬼)가 되어 일간을 상하게 하고, 월건 子는 등사가 승하여 태세 午와 冲을 하고 있다. 질병이 중하고 위험한 상황이 된다.

2. 발용 寅은 절신(絶神)에 앉아 둔귀를 봉하고 있다. 중전 申은 일간의 德•祿신으로 초전 寅과 冲을 하고 있고, 태세는 호귀를 만들어 일간을 상하게 한다. 월건 子는 등사를 승하고, 중전 申과 역시 冲을 하고 있다. 이로써 흉은 흉으로 制하여 흉이 해소될 수 있다. 본명 戌상신 천강 辰은 귀를 인종하여 일간을 생하고 있다. 또한 행년 子의 상신 午는 백호가 승하여 일간의 귀살이 된다. 그러나 다행히 극지에 앉아 지반 子로부터 극제를 당한다. 따라서 질병에서 구해질 수 있다.

3. 일지는 가택이다. 이는 환자의 거주지이다. 일지상신 子는 구신(求神)으로 귀살을 극제한다. 일지는 靜이고, 일간은 動이다. 정수해야만이 일지상신이 질병을 막을 수 있다. 따라서 현지에서 치료가 가능하다. 굳이 대륙(중국)으로 돌아갈 필요가 없다. 따라서 질병은 낫는다. 그 이유는 과체가 반음과로, 근병은 충을 봉하면 즉시 치료가 된다. 따라서 빠르게 치료가 되고, 일지상신 子가 월건에 임하여 금월에 치료가 가능하다.

- 反吟課(涉害課)
- 四絶格

畢法賦의 해석과 과전 적용

	해 석	과전 적용
69법	**虎乘遁鬼殃非淺** 백호가 순내의 천간에 가임하고 일간의 귀살이 되면 "이과"이다. 모든 정단에서 두려운데 그 재앙은 매우 길어 사라지기 어렵고, 설령 공망이 되더라도 여전히 구할 수 없다.	백호가 승한 천신이 午이다(제4과). 이럴 경우 최관사자도 되고 호승둔귀도 된다. 또한 백호가 승한 午의 천간이 일간을 극하는 경우가 더욱 영험하다.
75법	**賓主不投刑在上** 간상과 지상에 刑이 봉해지거나 3전에 刑이 봉해질 때, 도모하는 교섭사는 반드시 이심(異心)이 있다.	3전에 寅•申•寅으로 서로 상충을 하고 寅•巳•申의 삼형이 있다.

질병적 길 · 흉(疾病的 吉 · 凶)

아들의 폐병은 어떨까?

豫題 58. 辛巳年 辛丑月 庚辰日(空 申酉) 申時 (丑將)
命 - 甲子　年 - 未　晝占

戊	癸	丙
后 寅	空 未	匕 子
酉	寅	未

丁	壬	○	戊
貴 丑	白 午	勾 酉	后 寅
庚 申	丑	辰	酉 ○

甲 合 戌 巳	乙 朱 亥 午	丙 匕 子 未	丁 貴 (丑) 申 ○
○ 勾 酉 辰	庚辰日 8局		戊 后 寅 酉 ○
○ 青 申 卯			己 陰 卯 戌
癸 空 未 寅	壬 白 午 丑	辛 常 巳 子	庚 玄 辰 亥

課象分析

1. 일간을 환자, 일지를 질병으로 본다. 현재의 정단에서는 부모의 점으로 보여 유신이 자손효가 된다. 일간이 공망이므로 오래된 병에는 불길하다. 일간상신 丑은 귀인이 승했다. 또 월장이 되어 일간에 임하여 길조가 될 수 있으나, 일간상신 丑귀인은 일간의 묘신이며 정신인 둔귀를 봉하여 질병을 구(救)할 수 없다. 『畢法賦』 25法에서 「금일봉정흉화동(金日逢丁凶禍動)」이 되어 묘신이 움직이는 상이다. 더욱이 일지상신 酉는 병증을 나타내어 『畢法賦』 67法의 「수호극신위병증(受虎剋身爲病證)」이 되어, 일간의 음신 午가 백호가 승하여 일지상신인 酉를 극하고 있다. 또한 오늘 일지상신 酉는 일간과 양인(羊刃)을 만들고 있다. 따라서 호귀(虎鬼)인 午는 金을 극하고 있다. 그러므로 酉는 질병유신에서의 폐(肺)에 해당된다. 환자가 필시 폐병으로 고생하고 있다. 또한 천지반도에 "사묘격(四墓格)"으로 나타나고 있다. 그러므로 구병(舊病)이 다시 재발한 것이다.

2. 구병자가 일록이 공망이 되면 죽음(살아나지 못함)이다. 사망의 징조이다. 또 절신이 발용이 되고 (寅加酉)전의 말전 子인 사신으로 들어가고 있다. 3전은 체극을 하여 환자 본명인 子(말전)를 극하고 있다. 이로 인해 알 수 있는 것은, 현재 환자의 상태가 위중함을 알 수 있다. 또한 질병의 요인인 일지를 보면, 일지상신 酉는 일간의 양인이 된다. 그리고 환자(아들) 유신인 자효(子爻)는 혈지(血支)와 혈기(血忌)를 가지고 있다. 가슴을 개복하여 수술을 해야 한다.

3. 동남방은 손(巽)괘 (辰 • 巳)에 해당된다. 일간의 호귀인 午를 제극할 수 없다. 또 辰 • 巳의 상신 酉 • 戌 역시 귀살을 극제하지 못한다. 따라서 동남방의원은 환자를 구할 수 없다. 서북방은 건(乾)괘 (戌 • 亥)에 해당된다. 亥가 오로지 午를 극할 수 있으나 태세인 巳와 세파를 하고 휴수하다. 또

한 음신인 辰은 묘가 된다. 따라서 이쪽도 환자를 구할 수 없다. 또한 그 상신인 卯・辰 역시 호귀를 극할 수 없다. 서북방향의원 역시 환자를 구할 수 없다. 불치의 병이다. 또한 동북방향(丑・寅) 간(艮)괘 역시 호귀를 제극하지 못한다. 丑・寅의 상신 午・未는 삼합이 되어, 호귀의 본가이다. 흉을 바꿀 수 없다. 서남방향(未・申) 곤(坤)괘 역시 호귀를 극제할 수 없다. 그러나 다행히 未・申의 상신인 子・丑으로, 子는 호귀인 午를 극하고 丑은 태세를 봉하여 간에 임한다. 그러나 丑은 둔귀인 丁神이 봉해졌다. 따라서 유일하게 서남방향의 의원이 치료할 수 있다. 또 내년 봄에 午가 봉해진다. 호귀 午는 태세를 봉하여 구신인 子와 세파를 하고, 봄 정단에는 子가 휴수하여 내년 봄에는 반드시 크게 흉하다. 따라서 봄에는 질병에 무능력해질 수 밖에 없다. 현재 의신은 공조 寅 아랫방위인 巳가 된다. 巳는 호귀를 극하지 못하고, 반대로 도와주는 상황이 되어, 이 역시 의사가 환자를 구할 수 없다.

4. 3전이 체극이 되어 유신인 자효를 극한다. 子는 본명이 되고 행년상신이 된다. 따라서 子는 내년 壬午년이 되면 세파가 된다. 생명의 위험을 느낄 수 있다. 자효가 구신(救神)이 되기 때문이다. 또한 과전도 상申이 卯에 가하여 청룡이 승해있다. 「申」은 「身」으로 본다. 따라서 쌍木으로 협극이 되기도 한다. 이는 관(棺)에 들어 갈 상이다. 일간 庚은 공망이 되고, 일지 辰은 공함이 되고, 선봉 申시 역시 공망이 된다. 따라서 「구병봉공필사(久病逢空必死)」로 구재할 수 없다.

- 重審課
- 四墓格
- 求財大獲格
- 驀越格
- 引從干神格

畢法賦의 해석과 과전 적용

	해 석	과전 적용
1법	前後引從陞遷吉 초 • 말전에서 일간 • 일지 연명을 인종할 때이다. 초전과 말전에서 일간을 인종하면 사업주에게 유리하고, 일지를 인종하면 사업장에 유리 할 수 있다.	말전 子에서 일간상신 丑을 인종하여 초전 寅에 인종하여 "인종간신격"이 된다.
25법	金日逢丁凶禍動 庚 • 辛일 정마를 만나면 흉이 動한다. 만약 관직자가 정단하면 관직자의 부임이 빠르다. 이른바 庚 • 辛 두 날에서 3전, 행년, 본명, 일간, 일지, 순내의 여섯 정신을 만나면 반드시 흉하다. 각 천장의 길흉에 따라 판단한다.	일간상신 丑上에 천간이 정신이 되어 일간을 극하여 정신이 된다.
67법	受虎剋身爲病證 백호가 승한 천장이 支나 干을 극했을 때 그 병증에 대해 논한다. 따라서 백호의 극을 받은 오행의 장부에 질병이 발생한다.	일지상신 酉는 병증이 되며, 일간음신 호귀 午는 지상 酉를 극하여 질병이 폐의 병임을 알 수 있다.

질병적 길 · 흉(疾病的 吉 · 凶)

손녀의 음독이 치료될까? 살아날 수 있을까?

豫題 59. 壬午年 庚戌月 己巳日(空 戌亥) 巳時 (卯將)

命 - 癸酉　年 - 亥　晝占

乙	○	癸
匕 丑	后 亥	玄 酉
卯	丑	亥○

己	丁	丁	乙
青 巳	合 卯	青 卯	匕 丑
己 未	巳	巳	卯

丁 合 ㉿卯 巳	戊 勾 辰 午	己 青 巳 未	庚 空 午 申
丙 朱 寅 辰	己巳日 3局		辛 白 未 酉
乙 匕 丑 卯			壬 常 申 戌○
甲 貴 子 寅	○ 后 亥 丑	○ 陰 戌 子	癸 玄 酉 亥○

課象分析

1. 손녀의 질병을 구하는 점이다. 따라서 자손효를 보아야 한다. 또한 육합이 유신이다. 현재 일지상신 卯는 육합이 승하여 일귀(日鬼)와 상차살을 병행하고 있다. 또한 일지의 음신 丑에 등사가 승하여 사묘격(蛇墓格)을 만들고 있다(여기에서 손녀는 자손효이므로 자손은 金이 되어 丑이 묘신이다). 그리고 자손효의 卯는 死神이 되어 귀살로 일간을 상하게 한다. 『畢法補談』에서 「명양암벌화익열(明陽暗伐禍益烈)」이라 하여, 본 질병이 위험함을 알 수 있다.

2. 육합인 卯는 일간의 귀살로 丁馬를 봉하고 있다는 것은 죽음을 재촉하는 상이다. 더 심한 것은 자손 유신인 申•酉•金이 모두 지반공망(락공)으로 되어, 유신이 공함이 되면 크게 흉하다. 또 3전 중 중•말전 亥는 순공, 酉는 함공이 되었다. 이로써 초전으로 본 정단의 길흉을 정단해야 하는데, 지금 초전 丑은 자손효의 묘신으로 사신을 봉하고 있으며, 등사가 승하고 암귀가 되어 마치 죽음을 재촉하여 기다리고 있는 상이다.

3. 초전 丑은 배(腹)이다. 중전 亥는 독약(毒藥)이고, 말전 酉는 입(口)을 나타내어, 이는 독약을 먹는 상이다(음독을 말함). 자손효인 酉는 폐구이며 함공이다. 독약이 입에 들어가 토해내지 못하는(해독을 못하는) 상이다. 酉는 자손효이지만 호흡계통도 포함된다(酉金屬肺). 지금 酉는 일지 巳의 파쇄(破碎)이고 둔간은 폐구이므로, 마치 호흡이 정지되는 상이다. 4과가 불비(不備)이다. 또한 3전이 극음격(極陰格)이다. 또한 육음과(六陰課)이다. 병점에서 크게 흉하다. 위급한 상황에서 희망이 없다.

- 重審課
- 退連株格(退間傳) (極陰格)
- 不備格

畢法賦의 해석과 과전 적용

	해 석	과전 적용
69법	虎乘遁鬼殃非淺 백호가 순내의 천간에 가임하고 일간의 귀살이 되면 이 과이다. 모든 정단은 두려운데, 그 재앙은 매우 깊어 사라지기 어렵고, 설령 공망이 되어도 여전히 구할 수 없다.	일지상신 卯는 일간의 귀살로, 정신으로 일간의 둔귀가 되어 일간을 상하게 하고 있다.
82법	不行傳者考初時 중・말전이 공망이 되면 초전만으로 그 시류에 의해 길・흉을 판단해야 한다.	중전 亥는 순공, 말전 酉는 함공이 된다. 따라서 초전인 丑으로 정단의 길・흉을 파악해야 한다.

질병적 길 · 흉(疾病的 吉 · 凶)

갑신년에는 재난 없이 보낼 수 있을까? 암 투병 환자

豫題 60. 壬午年 壬子月 癸酉日(空 戌亥) 申時 (丑將)

命 - 甲辰　年 - 辰　晝占

辛	甲	己
朱 未	白 子	貴 巳
寅	未	子

庚	○	丙	辛
匕 午	空 亥	玄 寅	朱 未
癸 丑	午	酉	寅

<table>
<tr><td>○
青 戌
巳</td><td>○
空 亥
午</td><td>甲
白 子
未</td><td>乙
常 (丑)
申</td></tr>
<tr><td>癸
勾 酉
辰</td><td rowspan="2" colspan="2">癸酉日
8局</td><td>丙
玄 寅
酉</td></tr>
<tr><td>壬
合 申
卯</td><td>丁
陰 卯
戌</td></tr>
<tr><td>辛
朱 未
寅</td><td>庚
匕 午
丑</td><td>己
貴 巳
子</td><td>戊
后 辰
亥</td></tr>
</table>

課象分析

1. 일간은 환자, 일지는 질병으로 보고, 지금 일지상신 寅은 현무가 승하여 일간을 탈도하고 있다. 일지음신 未는 주작이 승하여 일간을 극하고 있다. 寅木의 질병유신은 간담(肝膽)이다. 따라서 간에 질병이 있음을 알 수 있다. 일간상신 午는 財星으로, 질병점에서 최고로 절기(切忌)한다. 그 원인은 귀살을 도와 일간을 상하게 하기 때문이다. 일간상신 午 등사가 승해있는 財星으로 主는 괴이, 몽환, 으로 꿈에 흉몽이 나타난다.

2. 초전발용은 귀살 未에 주작이 승했다. 내년 癸未년의 태세이다. 불길함을 나타낸다. 다행인 것은 일지상신 寅이 제극을 할 수 있다. 중전 子는 일간의 록신이다. 그러나 록신에 백호가 승하여 귀향(鬼鄕)에 앉아 써먹을 수가 없다(실효가 없다). 말전 巳는 귀인을 만들었으나 전년도의 병부이며, 초전의 귀살을 도와 일간을 상하게 하고 있다. 질병정단에서 마지막까지 불길하다. 그러나 다행히 연명 辰의 상신 酉는 귀를 인종하여 일간을 돕는다. 그러므로 금년에는 신체에 탈이 없다. 내년 행년은 巳이다. 巳의 상신 戌은 귀살로 청룡이 승하고 일간을 상하게 하여 크게 흉하다. 다행히 청룡음신 卯는 구신(救神)으로 귀살을 제극하고 있다. 그러므로 내년에는 병세가 가중하여 생명이 위험할 수 있다. 후년에는 행년이 午가 되고, 그 상신인 亥가 일간을 도와 마치 해가 없을 것 처럼 보이나, 亥는 순공이 되고 천공이 승하여 실제로는 無用하다. 그 음신인 辰은 일간의 묘귀(墓鬼)가 되어, 일간을 상하게 하여 크게 흉하다. 그리고 천지반도 중 申이 卯에 가하여 육합이 승하고, 이를 육편격(六片格)이라 하며, 이는 사망의 징조이다. 또 후년 甲申년의 태세가 일지상신 寅과 冲剋을 하며, 말전이 巳와 육합을 하여 흉한 응기(應期)가 된다. 그러므로 후년에 액운을 피하기 어렵다.

응기(應期) : 실제 정단인은 간암 말기 환자이다. 의사의 진단에 의하면 1년

정도의 시한부 생명이 된 사례이다.

- 知一課
- 四墓格
- 度厄格(長度厄) 山地剝卦

畢法賦의 해석과 과전 적용

	해 석	과전 적용
1법	**前後引從陞遷吉** 초•말전에서 일간•일지 연명을 인종할 때이다. 이는 초전과 말전에서 일간을 인종하면 사업주에 유리하고, 일지를 인종하면 사업장에 유리할 수 있다.	말전 巳와 일간상신 午를 인종하여 초전 未와 인종한다.
37법	**末助初兮三等論** 1. 末生初→日干生(吉) 2. 末生初→日干剋(凶) 3. 末生初→日財(求財大吉) 주의) 행년과 본명에서 말전을 생하면 오히려 흉하다.	말전 巳에서 초전 未를 도와 일간을 극하여 흉하게 작용한다.

질병적 길 · 흉(疾病的 吉 · 凶)

매형의 질병은? 말기 암 환자

豫題 61. 壬午年 辛亥月 己亥日(空 辰巳) 酉時 (寅將)
命 - 己丑　年 - 未　夜占

○	戊	癸
巳 玄	戌 朱	卯 白
子	巳 ○	戌

庚	○	○	丁
子 勾	巳 玄	辰 常	酉 匕
己 未	子	亥	辰 ○

戊 戌 朱 巳 ○	己 亥 合 午	庚 子 勾 未	辛 丑 青 申
丁 酉 匕 辰 ○	己亥日 8局		壬 寅 空 酉
丙 申 貴 卯			癸 卯 白 戌
乙 未 后 寅	甲 午 陰 丑	○ 巳 玄 子	○ 辰 常 亥

課象分析

1. 일간을 환자, 일지를 질병으로 보고, 현재 일간상신 子는 일간의 財星으로 질병정단에서는 불길하다. 그러나 일간음신 巳가 인성이 되어 일간을 돕고 있어 구하는 것처럼 보이나 음신인 巳는 협극을 받아 힘이 없다. 또 월파와 일파(月 • 日沖)를 하여 근본이 무력하여 일간을 구할 수 없다. 일지상신 辰은 일간의 묘신(水土同宮)이 되고, 임오년의 상문(喪門)이 되어 일지(宅)를 극하고 있다. 또 천장 태상은 효복살(孝服殺)이 되어 모두 불길한 상이다.

2. 초전발용 巳는 전태세지인 병부(病府)로 둔귀를 봉하여 일간을 극하고 있다. 또 초조협극(初遭夾剋)이 되어 자신의 몸이 자유롭지 못하다. 또한 질병에 있어서도 자유롭지 못하다. 중전 戌은 일간의 기궁인 未와 破가 되고 일간의 묘신이면서 함공이 된다. 오로지 말전 未를 바라보는데, 말전 卯 역시 백호가 승하고 폐구가 되어 귀살의 작용이 크다고 할 수 있다. 그리고 백호의 수문(守門), 즉 卯는 門이다. 질병정단에 크게 흉하다.

3. 본명 丑의 상신 午는 일간의 록 귀호인 卯를 설(泄)하여 일간을 생한다. 그러나 행년 未의 상신 子는 시령상 왕기(旺氣)되어 일간상신에 임해져, 일간의 록신인 午와 沖이 되어 깨져서, 왕성한 귀살을 制하여 일간을 구할 수 없다. 천지반도 중, 申은 卯에 가하여 작륜격(斫輪格)이 되어 질병정단에 불리하다. 또 일지와 그 음신인 지과(支課)가 공함이 되고 있다. 발용 巳는 월 • 일과 沖을 하는 일 • 월파가 되어 있다. 구병에서 공망이 되어 沖이 되면, 환자는 必死이다. 본 정단에서 환자는 크게 흉하다. 구병은 치료가 불가능하다. 따라서 정단 6일 후인 乙巳일 사망하였다.

• 知一課

- 鑄印格
- 斬關格
- 勵德格(貴立私門)

畢法賦의 해석과 과전 적용

	해 석	과전 적용
1법	**前後引從陞遷吉** 초·말전에서 일간·일지 연명을 인종할 때이다. 초전과 말전에서 일간을 인종하면 사업주에 유리하고, 일지를 인종하면 사업장에 유리할 수 있다.	말전 卯가 일지상신 辰을 인종하여 초전 巳와 함께 진연주를 이룬다. 그러나 일지상신이 공망이고, 초전이 공망이라 효과를 기대하기 어렵다.
81법	**傳墓入墓分憎愛** 1. 초전이 吉神일 때, 중·말전 묘신 → 初吉後凶 2. 초전이 凶神일 때, 중·말전 묘신 → 初凶後吉 이와 같은 예는 생아(生我)가 묘신으로 전해져서 묘신에 들을 때 전묘입묘라 한다.	초전 巳는 일간을 도와주는 生我의 신이나, 중전 戌이 묘신이 되고, 말전 卯 역시 묘향에 든다. 본 예제는 초·중전이 모두 공망이 되어 그 엿할이 없다.
82법	**不行傳者考初時** 중·말전이 공망이 될 때, 초전으로 정단의 길·흉을 파악하거나, 초·중전이 공함이 될 때, 말전으로만 시류	초전 巳는 순공이 되고, 중전 戌은 함공이다. 오로지 말전 卯로만 길·흉을 판단한다.

82법	를 파악하여 정단의 길 • 흉을 본다.	
85법	**初遭夾剋不由己** 초전 발용이 지반으로 극을 받아 내전이 되고, 그 천장에서 극을 받아 외전이 되어 협극이 된다. 정단에서 반드시 본인은 부자유스럽게 타인에 의해 축출이 된다. 그러나 흉신이 협극을 당하면 그 해를 방지할 수 있다.	초전 巳는 지반 子로부터 극(내전)을 당하고, 천장 현무(癸亥)로부터 극(외전)을 당한다.
37법	**末助初兮三等論** 1. 末生初→日干生(吉) 2. 末生初→日干剋(凶) 3. 末生初→日財(求財大吉)	말전 卯에서 초전 巳를 생하여, 초전은 일간을 생해준다. 그러나 초전 巳가 공망이라 목적 달성이 어렵다.

질병적 길 · 흉(疾病的 吉 · 凶)

장인의 질병에 대해 묻다.

豫題 62. 癸未年 己未月 癸未日(空 申酉) 丑時 (未將)
命 - 乙亥　年 - 酉　夜占

癸	丁	癸
未 常	丑 朱	未 常
丑	未	丑

癸	丁	丁	癸
未 常	丑 朱	丑 朱	未 常
癸 丑	未	未	丑

乙 亥 勾 巳	丙 子 合 午	丁 丑 朱 未	戊 寅 匕 申 ○
甲 戌 青 辰	癸未日 7局		己 卯 貴 酉 ○
○ 酉 空 卯			庚 辰 后 戌
○ 申 白 寅	癸 未 常 丑	壬 午 玄 子	辛 巳 陰 亥

課象分析

1. 일간은 환자, 일지상신은 병증이 된다. 현재 일지상신 丑은 귀살에 대모살(大耗殺)로 일간을 극하고 있다. 또한 태세, 월, 일, 시 등 과전의 11곳에서 일간의 귀살이 극하고 있다. 癸水일 일간이 심하게 극을 받고 있다. 土는 비위(脾胃), 水는 신(腎)이나 혈(血), 그러므로 정단자는 위(胃)병이나 신장(腎臟), 혈액의 병이다. 과전에 土鬼가 중증하다. 또한 구신이 하나도 없다. 암으로 인한 병이다.

2. 태세 未는 귀살이 되어 발용이 되었다. 응사(應事)는 금년에 해당된다. 따라서 금년에 큰 흉이 발생된다. 또한 반음과를 득하여 구병 중 冲을 봉하면 必死이다. 「반음구병봉충필사(反吟久病逢冲必死)」. 그나마 다행히 행년 酉의 상신 卯에 귀인이 승해 귀살을 제극하고 있어, 질병을 구할 것처럼 보이나, 애석하게도 卯는 함공이 되며, 지반으로부터 내전(剋)을 당하고 있어 왕귀(旺鬼)를 제어하기 어렵다. 또한 戌月은 귀살이 왕상해지고 과전에 3전이 丑•戌•未 三刑으로 구성되어 있다. 귀살이 극도로 왕하여 큰 흉이 있다. 課는 반음을 득하고 六冲이 되어 冲이 육합이 될 때가 응기(죽는 시기)가 된다. 현재 말전 未는 午와 합이 된다. 午의 아래 지반은 子이다. 사망시기는 3전에 빠져있는 戌月 허일대용격(虛一待用格)이 된다.
(따라서 癸未年 甲子月 丁丑日 戊申時 去世)

- 反吟課
- 四絶格
- 閉口格
- 稼穡格
- 遊子格
- 亂首格

畢法賦의 해석과 과전 적용

	해 석	과전 적용
26법	**水日逢丁財動之** 壬癸일 丁馬를 봉하면 財가 遠方에서 動한다. 水일의 丁神은 財星이기 때문이다. 또한 결혼정단에서는 처를 구할 수 있고, 기혼자는 처가 떠난다.	일간의 음신, 일지양신, 중전이 모두 丁神이다. 또한 3전이 모두 土이면서 정마 혹은 천마가 발용하면 유자격(遊子格)으로 원행의 상이다. 출행은 吉하나 정수(靜守)는 흉하고, 질병은 낫기 어렵고, 소송정단은 흉이 끊어지지 않는다.
49법	**兩貴受剋亂干貴** 양 귀인(주 • 야)이 모두 지반으로부터 극을 받는 것으로, 귀인에게 부탁하는 일은 성취불가하다.	천지반도에서 낮귀인 巳는 지반 亥로부터 극을 받고 밤귀인 卯 역시 지반 酉로부터 극을 받는다.
38법	**閉口卦體兩般推** 무릇 순미가 순수에 가하거나, 또는 순수에 현무가 승하거나 순수상신에 현무가 승하여 발용하면 閉口課이다. 구하는 이는 일의 유무상황을 말하지 못한다. 또한 출산점에서는 농아가 태어나고, 관재점에서는 나의 무고를 말할 수 없다. 또한 각 천장에 길 • 흉을 보아 정단해야 한다.	일간, 일지음신, 초 • 말전에 둔간에 모두 폐구인 癸(순미)가 임했다.

질병적 길 · 흉(疾病的 吉 · 凶)

사촌형이 오토바이 사고가 났는데 어떨까?

豫題 63. 甲申年 庚午月 甲戌日(空 申酉) 酉時 (未將)
命 - 戊戌　年 - 子　夜占

壬	庚	戊
午 青	辰 合	寅 ヒ
申 ○	午	辰

丙	甲	○	壬
子 后	戌 玄	申 白	午 青
甲 寅	子	戌	申 ○

己 卯 未 巳	庚 辰 合 午	辛 巳 勾 未	壬 午 青 申 ○
戊 寅 ヒ 辰	甲戌日 3局		癸 (未) 空 酉 ○
丁 丑 貴 卯			癸 未 空 酉 ○
丙 子 后 寅	乙 亥 陰 丑	甲 戌 玄 子	○ 酉 常 亥

課象分析

1. 일간을 환자로 보고, 지금 일간 甲木은 휴수하다. 다행히 일간상신 子가 인성이 되어 일간을 생해주고 있다. 이로 인해 구할 것처럼 보이나 子는 월건 午와 冲으로 월파가 된다. 또 일간음신 戌은 일간의 財星으로 현무가 승해있어 일간을 구조하기는 무력하다. 일지는 질병 및 일의 실체를 나타내는데, 지금 일지상신 申은 백호가 승하고, 귀살로 태세가 되어 일간을 상하게 하고 있다(여기에서 申은 순공이 되나 태세에서는 申을 공망으로 보지 않는다). 甲木은 머리로 申 귀살로 극을 받아 혈광지사의 상이다. 머리(두부)부분이 손상이 된 상황이다(백호는 혈광지사이다). 그러나 다행인 것은 일지음신 午가 구신(救神)이 되어 백호귀살을 제극하고 있다. 그러므로 위험에서 구하는 것처럼 보이나, 午는 함공이 되고 일간의 사신(死神)이 되고 청룡이 승했으나, 청룡은 월염(月厭)과 지전살(紙錢殺)이 되며, 조객이 되어 정단에 불리하다. 午의 음신은 辰 재성으로 귀살을 돕는 상이 된다. 따라서 구신 午는 무용지물이 되어 버린다.

2. 일간의 음신 戌은 상문이 되고 월건 午의 사기(死氣)이며, 일지음신 午는 조객이 된다. 『畢法賦』 72法에서 「조상전봉괘호의(弔喪全逢掛縞衣)」로, 질병정단에서는 必死이다. 발용 午는 死神에 청룡이 승하여, 모용지상(耗龍之象)으로 보고 고조격(顧祖格)을 득하여, 질병정단에서는 죽음을 의미하고 있다. 본명 戌의 상신 申은 귀살로 크게 흉하며, 사고자의 목숨은 구할 수가 없다. 반드시 죽음을 의심할 여지가 없다.

응기(應期) : 30분 후 정신이 혼미, 혼수상태에서 사망했다.

- 涉害課
- 退間傳格(顧祖格)
- 勵德格

※ Point

“월신살, 사기(死氣), 12운성의 死神, 월신살의 喪門, 조객에 대한 귀살 백호의 작용이 크다.

畢法賦의 해석과 과전 적용

	해 석	과전 적용
5법	**六陽數足須公用** 4과3전이 모두 양신으로 구성되어 공적인 용무는 이롭고, 사적으로 도모하는 것은 얻지 못한다. 특히 六陽이 動하는 등삼천(辰 • 午 • 申)은 공적인 일에 吉하고, 사적인 일에는 흉하다.	4과 子 • 戌 • 申 • 午와 3전 午 • 辰 • 申의 과전이 양으로 구성되어 있다.
4법	**催官使者赴官期** 일간 귀살에 백호가 승할 때, 관직자의 부인정단은 부인이 빠르고, 만약 일간, 행년, 본명에 가임하면 이러한 권력을 곧 누리게 된다.	일지상신 申에 백호가 승하여 최관사자가 되었다. 현재 申은 순공이나, 태세, 월건, 월장, 충 은 공망으로 보지 않는다.
72법	**喪弔全逢掛縞衣** 태세의 前 2辰은 상문이고, 태세의 後 2辰은 조객이다. 만약 일지와 일간상신 모두에 두 흉살을 만나면 흉하다. 그리고 정단인의 행년과 본명상신에 임하면 그 해는 반드시 내 몸은 상복을 입는다.	일간음신 戌은 태세 申년에 상문살이 되고, 초전 午는 조객살이 된다. 본과에서는 상문, 조객 모두 있어 그 흉이 더욱 크다.

질병적 길 · 흉(疾病的 吉 · 凶)

아버지 병환이 올해 넘기실 수 있을까?

豫題 64. 甲申年 壬申月 乙丑日(空 戌亥) 巳時 (午將)
命 - 戊寅　年 - 申　晝占

丙	丁	戊
空 寅	青 卯	勾 辰
丑	寅	卯

己	庚	丙	丁
合 巳	朱 午	空 寅	青 卯
乙辰	巳	丑	寅

庚 朱 ㊄午 巳	辛 匕 未 午	壬 貴 申 未	癸 后 酉 申
己 合 巳 辰	乙丑日 12局		○ 陰 戌 酉
戊 勾 辰 卯			○ 玄 亥 戌○
丁 青 卯 寅	丙 空 寅 丑	乙 白 丑 子	甲 常 子 亥○

課象分析

1. 딸이 아버지 질병정단에 대해 물었다. 이 역시 부모효를 유신으로 보아야 한다. 지금 부모효인 亥 • 子水는 과전에 나타나지 않았다. 또한 천지반도에서 亥는 순공이 되고 子는 함공이 되고 있다. 불길한 징조이다. 따라서 亥는 陰이고 子는 陽이다. 子에 태상이 승하고 있다. 부모유신이 된다. 그러나 子는 락공이 되어 「구병봉공필사(久病逢空必死)」아버지의 질병은 매우 위험하다. 또한 부효 子水는 백호가 승해있는 丑과 극합(剋合)을 하고 있다. 『畢法賦』 67法에서 「수호극신위병증(受虎剋身爲病證)」이라 하여, 자신(부모효)을 백호가 극할 때는 병이 있다고 했다. 따라서 아버지의 질병은 신장(腎臟) 혹은 혈액 관련의 병임을 알 수 있다.

2. 구병자는 사망의 조짐이 있다. 충극 역시 충파과 라 하고 구병자는 위험하다. 또한 아버지의 본명이 발용이 되어 있고, 3전이 寅 • 卯 • 辰의 진여격으로 구성되어 있다. 질병정단에서 질병을 끌고 늘려서 벗어나기 어렵다. 또 초전 寅은 질병신인 부효인 子를 돕고 있다. 또한 중전 卯는 질병신인 부효(水)의 死神이 되고, 말전 辰은 부효의 묘신이 된다. 3전에 부효가 없어 일시적으로 吉해 보이나, 3전이 木會局 질병자는 관곽살(棺槨殺)이 된다. 따라서 질병은 오래 끌 것이고 완치는 쉽지 않다.

3. 일간의 음신인 午는 조객(弔客), 일지음신 卯는 상차살(喪車殺)이다. 또한 청룡이 승해서 지전살(紙錢殺)이 되어, 『畢法賦』 72法에서 「상조전봉괘호의(喪弔全逢掛縞衣)」라 하여, 질병정단에서는 어려움을 나타낸다. 또 간지상신 모두 라망살이 봉해지고 간지가 협정(夾定)하여 3전에 든다. 질병정단에서는 편안치 못하고 자유롭지 못하다. 따라서 곧 대흉이 되어 질병을 구할 수 없게 된다. 子월에 부자효가 되나 해공이 되는 금년 子월에 사망의 응기를 보고 본명 寅과 冲을 하는 申일 이나 酉일 충관(冲棺)이 될 때,

이 두 날이 가장 고비이므로 후사준비를 해야 한다.

응기(鷹期) : 실제 노부는 12월(子月) 오후 3시 30분, 즉 申시에 사망하셨다.

- 元首課
- 進連株格(正和格)
- 羅網格

畢法賦의 해석과 과전 적용

	해 석	과전 적용
55법	**所謀多拙逢羅網** 간상에 干前 一辰이 임하고, 지상에 支前 一辰이 될 때 천라지망이 된다. 이 괘를 얻으면 그물로 몸과 가택을 하늘의 철 그물로 옥죄는 상이 된다.	일간상신 巳는 일지기궁 辰의 간전 일진이고 지상 寅은 일지 丑의 지전 일진이 된다.
76법	**彼此猜忌害相隨** 1. 간 • 지상하가 육해 : 서로 시기 불화 2. 간 • 지천반과 교차육해 : 서로가 해 3. 간 • 지상신 육해 : 서로 시기 4. 간 • 지와 3전이 육해 : 해가 더욱 심함 육해가 되면 피차 서로 시기하여 주객은 서로 교제를 돌아보지 않게 되므로 양쪽이 서로 어그러지고 해가 있다.	간상 巳와 지상 寅이 서로 육해가 된다. 간지상신이 육해가 되는 것. 서로 시기하는 형상이다.

67법	**受虎剋身爲病證** 백호가 승한 천장이 支나 干을 극했을 때 그 병증에 대해 논한다. 따라서 백호의 극을 받은 오행의 장부에 질병이 발생한다.	부효의 병신(病神)인 子는 백호가 승해 있는 상신 丑으로부터 수극을 당하여 신장 혹은 혈액의 질병이다.

질병적 길 · 흉(疾病的 吉 · 凶)

어머니의 질병에 대한 길 • 흉 여하를 묻다.

豫題 65. 乙酉年 戊寅月 庚申日(空 子丑) 巳時 (子將)
命 - 壬申　年 - 戌　　晝占

壬	丁	○
合 戌	常 巳	ヒ 子
卯	戌	巳

乙	壬	乙	壬
陰 卯	合 戌	陰 卯	合 戌
庚 申	卯	申	卯

○ ヒ ㊂ 巳	○ 貴 丑 午	甲 后 寅 未	乙 陰 卯 申
癸 朱 亥 辰	庚申日 6局		丙 玄 辰 酉
壬 合 戌 卯			丁 常 巳 戌
辛 勾 酉 寅	庚 青 申 丑○	己 空 未 子○	戊 白 午 亥

課象分析

1. 질병점에서 일간은 사람, 일지는 질병으로 본다. 현재 아들이 엄마의 질병을 볼 때는 부모효와 천후를 유신으로 본다. 일간 庚金(기궁 申은 어머니의 본명이고) 그 상신은 卯가 임하여 관(棺), 여기에서 관(棺)은 질병정단에서(卯木은 관을 나타내는 木이다) 그 아래 묘신이 되고, 또 월령에서 絶이 되어, 소위 말하는「앙견기구, 부견기구(仰見其仇, 俯見其仇)」, 즉 머리를 들쳐보니 원수가 보이고, 숙이며 보이는 것이 언덕으로, 갈수록 태산임을 알 수 있다. 이런 현상은 질병정단에서 불길하다. 지진 申은 폐(肺)에 속하고, 그 상신 卯는 간(肝)에 해당되며, 백호가 극하는 곳이 질병의 증세이다. 현재 백호 午는 金을 극하고 있다. 질병의 증상은 金이 된다. 金은 폐(肺)가 主이다. 문점자의 어머니 질병은 간(肝)에 의한 것이다. 폐와 유관하다. 따라서 주요 질병은 폐(肺) 쪽 호흡기 계통의 질병을 나타낸다.

2. 과전 중 부모효인 戌은 어머니 행년을 나타낸다. 문점자의 어머니 이다. 현재 戌은 휴수하고 상하 협극이 되어 발용을 했다. 여기에서 戌은 지의(地醫)가 되어, 어머니의 병환은 병원 침대에 누워있는 상이다(戌下卯, 이는 卯가 침대의 유신이 된다). 천지반도 중 천후 寅木도 어머니를 剋하고 있다. 또한 寅 지반 未의 묘신에 앉아 있다. 병원의 상이다. 중전 巳는 일간의 장생이지만 눈간에 丁馬가 승해 있나.『畢法賦』25法에서「금일봉정흉화동(金日逢丁凶禍動)」이라 하여, 질병정단에서는 위험이 빠르게 온다. 말전 子가 巳에 가하여 합성하면 死자가 되고, 또 戌(母)加卯(棺)이 되고, 상하 육합이 되어 육합은 관에 들어 흙으로 들어가는 상이다. 질병정단에서 크게 흉하다. 또한 4과의 하신이 상신을 모두 극한다. 이를 무록격(無祿格)이라 하고, 상하가 서로 골육분란(骨肉紛亂)지상이 된다. 존장에게 불리하다. 문점자의 어머니가 매우 위중함을 알 수 있고 치료는 불가능할 것이다.

3. 일간의 덕 • 록신 申은 일간의 기궁이다. 또 환자의 본명에 해당된다. 락공이 되어 있다. 구병(久病)은 공망이 되면 반드시 사망한다. 「구병봉공필사(久病逢空必死)」, 환자는 바로 사망하기 직전이다. 응기를 보면 말전의 합지인 丑이 응기가 된다. 일간의 묘신도 가능하다.

- 知一課
- 斬關格
- 龍戰格
- 無祿格

畢法賦의 해석과 과전 적용

	해 석	과전 적용
25법	金日逢丁凶禍動 庚 • 辛일 날에 丁馬가 임하는 것으로 관직자에게는 유리하고, 일반인은 재액이 있다.	중전 巳의 둔간은 丁神이 된다.
50법	二貴皆空虛喜期 양 귀인, 즉 주 • 야 귀인이 모두 공망이 되면 헛된 기쁨을 기약한다.	庚日의 낮귀인은 丑이 되어 순공이 되고, 밤귀인은 未로 함공(지반공망)이 된다.

질병적 길 · 흉(疾病的 吉 · 凶)

아버지의 질병의 길 • 흉 여하는?

豫題 66. 乙酉年 辛巳月 己未日(空 子丑) 申時 (申將)
命 - 己卯　年 - 卯　　晝占

己	○	壬
白 未	匕 丑	陰 戌
未	丑 ○	戌

己	己	己	己
白 未	白 未	白 未	白 未
己未	未	未	未

丁 青 巳 巳	戊 空 午 午	己 白 未 未	庚 常 (申) 申
丙 勾 辰 辰	己未日 1局		辛 玄 酉 酉
乙 合 卯 卯			壬 陰 戌 戌
甲 朱 寅 寅	○ 匕 丑 丑○	○ 貴 子 子○	癸 后 亥 亥

課象分析

1. 본 과전도는 7土 5虎로 주시해 볼 과전이다. 등사와 백호가 입전하고 삼형(三刑)을 봉했다. 또한 未는 조객이 된다. 따라서 필사(必死)를 의심할 여지가 없이 확실하다. 과전이 모두 土가 태과하면 오히려 부족함만 못하다(過猶不及). 土는 신체유신에서 비위(脾胃)를 나타낸다. 따라서 위에 암이 있음을 알 수 있다.

2. 그러면 언제 사망할 것인가?

   본 과전은 반음과로서 丁馬가 없다. 그러므로 靜해야 하는 상이다. 따라서 靜한 것이 動할 때가 응기이다. 『畢法賦』 89法에서 「임신정마수언동(任信丁馬須言動)」이라 하였다. 따라서 본 과전은 역마와 이마(二馬)가 없다. 『畢法賦』 97法에서 「소서불입잉빙류(所筮不入仍憑類)」라 하여, 찾고자 하는 유신이 없을 때는 천지반도에서의 유신을 쓴다. 지금 천지반도에서 정마나 역마, 二馬 부모효를 가진 것은 巳이고 청룡이 승하여 지전살(紙錢殺)이 되어, 부친이 학을 타고 서쪽으로 돌아가는 상이다. 그러므로 정단하면 午月 巳日 사망한다. 또 발용 未와 중전 丑은 六冲이 되고, 冲의 합이 되는 午와 未, 또 午는 土火의 극왕지시(極旺之時)가 되어 午月 巳日 사망한다.

※ Tip

모든 과에서 모두 土로 구성된 것을 유자과(遊子課)로, 이름하여 오분사살괘(五墳四殺卦)라 하여 질병정단에서는 음환(陰患)으로 암의 증상으로 본다.

9장

모망정단
(謀望正斷)

모망(謀望)

아들이 바라는 만큼 전도가 좋겠는가?

豫題 67. 壬午年 庚戌月 己未日(空 子丑) 戌時 (辰將)
命 - 壬戌　年 - 戌　借客 夜占

丁	○	○
巳 玄	丑 青	丑 青
亥	未	未

○	己	○	己
丑 青	未 后	丑 青	未 后
己 未	丑 ○	未	丑 ○

癸 亥 合 巳	○ 子 勾 午	○ 丑 青 未	甲 寅 空 申
壬 戌 朱 辰	己未日 7局		乙 卯 白 酉
辛 酉 匕 卯			丙 辰(常) 戌
庚 申 貴 寅	己 未 后 丑 ○	戊 午 陰 子 ○	丁 巳 玄 亥

課象分析

1. 일간을 존장, 일지를 아랫사람으로 본다. 간 • 지가 서로 교차(丑-未)로 相冲을 한다. 또 과전은 반음과이다. 따라서 父子가 불화함을 알 수 있다. 또한 과전에는 刑爻가 중중하다. 『畢法賦』 95法에서 「육효현괘방기극(六爻現卦防其剋)」이라 하여, 刑爻가 중중함은 반드시 겁재(劫財)가 나타남을 알 수 있다. 또한 현무가 승한 巳는 정신을 가지고 발용이 되어 일간을 생조하고 있다. 여기에서 刑爻는 경상(經商), 즉 사업경영에 있어 금전이 소비됨을 알 수 있다. 따라서 바른 직무(정상적인 업무)가 이루어 질 수가 없다(현무는 바르지 못하고 부정적인 천장이므로).

2. 간지상신은 모두 공망을 봉하고 있다. 또 발용인 巳는 生爻이지만 협극(夾剋)이 된다. 『畢法賦』 85法에서 「초조협극불유기(初遭夾剋不由己)」라 하여, 그의 마음이 자유롭지 못하고 압력을 크게 받고 있음을 알 수 있다. 또한 선봉 戌은 기계를 나타낸다. 현재 선봉 戌은 주작이 승하여 인쇄업을 나타낸다. 발용 戌은 일의 시작이다. 현재 회신(會神), 성신(成神), 역마, 이마(二馬)를 봉하고 있다. 따라서 아들은 서울(지명이름)로 가서 사업을 했다(청룡은 글, 또는 動神으로 丑이 임하여 동북쪽이다). 또한 아들의 본명 戌상신은 辰으로 천강이다(정수한 사람은 동하고, 동한 사람은 정수한다). 辰은 動神이다. 또한 월장이며 길신으로 아들의 마음이 動함을 알 수 있다. 그는 반드시 서울로 갔을 것이다. 이는 평안함을 느꼈을 것이다.

3. 무엇 때문에 그는 서울로 간 것을 어떻게 설명할 수 있을까?
그 이유는 역마때문이다. 또한 부모효인 초전 巳는 협극을 당하고 있다. 또한 청룡이 승한 중전 丑은 공망이 되어 전도가 가능하지 않다. 반음과에서의 정란사(井欄事)격이 되고, 이에 정란사의 골격은 木이다. 오래 갈 수가 없다. 4과 모두 공망이다. 3전 중 중 • 말전 역시 공망이다. 오로지 초전 巳

역마만이 온전하다. 마치 가능한 것처럼 보인다. 초전인 巳는 협극이 되어 당연히 인성인 역마는 힘이 없다. 과전은 아무것도 취할 것이 없다. 반음과의 정단에서 반복의 상이다. 또한 현무가 발용이 되어 헛되고 손실되는 상이다. 중전, 말전이 공망이 되어 일의 결말이 없다. 따라서 이동하는 것은 좋지 않다. 공부를 할 수 없고 지식을 쌓을 수도 없다. 그러므로 원래 있던 곳으로 돌아와야 한다. 파재를 의심할 여지가 없다.

- 反吟課(無新格)
- 四課全空格
- 井欄事格

畢法賦의 해석과 과전 적용

	해 석	과전 적용
82법	不行傳者考初時 중•말전이 모두 공망이 될 때, 초전만을 가지고 그 길흉을 판단한다.	3전에서 초전이 巳를 제외한 중전, 말전 丑이 모두 순공이 된다. 이대 초전 巳로만 정단히는데, 주의할 점은 그 시류를 잘 판단해야 한다.
74법	空空如也事休追(四課全空格) 4과가 무형이면 일은 드러나지 못한다.	제1과 丑은 순공, 제2과 未는 함공, 제3과 丑도 순공, 제4과 未도 함공이다. 이렇듯 4과가 모두 공망됨을 全空이라 한다.

	해 석	과전 적용
95법	**六爻現卦防其剋** 3전의 육친이, 국이 극을 하는 육친을 상하는 것을 방비해야 한다.	가령 3전에서 일간의 형제효국이며, 아내와 재물을 조심해야 한다.
85법	**初遭夾剋不由己** 초전이 지반에서 극을 받고, 천반의 천장에서 극을 당하는 경우인데, 이는 정단에서 반드시 본인은 부자유스럽고, 타인에 의해 축출당하는 계책을 당한다. 그러나 일간의 귀살이 협극을 당하면 우환을 면할 수 있다.	초전 巳의 지반 亥로부터 내전(극)을 당하고, 천장 현무(癸亥)는 외전(극)을 한다.

모망(謀望)

퇴직금을 받을 수 있나?

豫題 68. 癸未年 壬戌月 庚申日(空 子丑) 午時 (辰將)
命 - 乙酉　年 - 子　　畫占

戊	丙	甲
青 午	合 辰	匕 寅
申	午	辰

戊	丙	戊	丙
青 午	合 辰	青 午	合 辰
庚 申	午	申	午

乙 朱 卯 巳	丙 辰 午	丁 勾 巳 未	戊 青 午 申
甲 匕 寅 辰	庚申日 3局		己 空 未 酉
○ 貴 丑 卯			庚 白 申 戌
○ 后 子 寅	癸 陰 亥 丑○	壬 玄 戌 子○	辛 常 酉 亥

課象分析

1. 일간을 사람으로 보고, 일간 庚金은 유기하여 왕상으로 길해 보인다. 그러나 일간상신 午는 청룡이 승하여 관귀가 되어 일간을 극하고 있다. 청룡은 財를 나타낸다. 점자가 재무적 압력을 받는 것을 의미한다. 일간음신 천강 辰은 육합이 승하여 일간을 생하고 있다. 일이 진행되는 동안 암처(暗處)에서 점자를 도와줌을 알 수 있다. 그러나 육합 辰은 土月에 월파를 하고 있다. 따라서 도움을 주는 사람의 힘이 무력함을 알 수 있다. 도움을 주는 사람에 대한 믿음이 없다(잃어버리다). 일지를 일, 사안으로 보고 일지상신 午는 청룡이 승하여 일간을 극하고 발용을 하였다. 발용, 즉 초전은 일의 시작을 나타낸다. 일이 비교적 어렵게 돌아감을 알 수 있다. 처음부터 일이 꼬이고 막혀 불순(不順)함을 알 수 있다.

2. 이 일은 반드시 관련기관의 상사로부터 동의를 구해야 한다. 일지상신 午는 관귀가 되어 청룡이 승하여 직장의 장을 나타낸다. 현재 午 관귀는 간지가 교차하여 극을 하고 있다. 「피차전상(彼此全傷)」의 상이다. 간지음신 辰 역시 둔귀로 일간을 극하고 있다. 서로 자형을 만들고 있다. 刑으로 서로 상하고 있다. 천강 辰은 천신유신구진으로 主가 쟁투이다. 따라서 점자 본인은 회사와의 관계에서 좋지 못하여 동의를 구할 수 없다. 협조를 구하기는 쌍방이 다 어렵다. 쟁투의 발생이 된다.

3. 귀인에게 알려 일을 구하려 하지만, 현재 귀인은 丑으로 공망이 되고 극지에 앉아 있다. 『畢法補談』에서 「귀인공극사난기(貴人空剋事難期)」라 하여, 귀인이 돕고 싶어도 자신의 일만으로도 힘에 벅차 작용(힘써줌)을 어렵게 한다. 퇴직금은 반드시 財神이 보여야 한다. 과전 중 유일하게 말전 寅이 財神이다. 또 말전 재신은 초전 귀살인 午를 도와 일명 재화귀(財化鬼)가 되어, 퇴직금 수령은 불가능함을 알 수 있다. 중요한 것은 퇴직금을

구해야 하는데, 이는 퇴직금이 갖는 증거가 부족함을 알 수 있다. 현재 주작이 승해있는 卯는 문서의 증거가 되지만, 불행히도 입과(入課), 즉 과전에 없기에 어렵고, 어렵게 구한다 해도 주작이 승한 卯는 음신이 공망이 되고 있다. 또한 4과를 보면 4개의 과 중에서 간지가 같은 2개의 과로 형성되어 모든 것이 불완전하다. 그러므로 증거가 불완전하고 크게 불확실하다. 주작인 卯는 태세를 극하고, 청룡인 午는 일간을 극한다. 결과적으로 알 수 있는 것은 상사(수장급)가 비준에 동의를 안 해주는 것이다.

4. 선봉문인 午는 발용이 되어 일간을 극하는데, 이를 천망과(天網課)라 한다. 천망과는 일반적인 일(사무를 본다) 등 모든 것을 망라하여 불순한 것으로 본다. 3전이 퇴간전인 것도 여기에 속한다. 행년 子의 상신 戌은 현무가 승하여 3전의 초전 午와 말전 寅과 삼합을 하여 일간을 상하게 한다. 일의 부조(不助)가 중중하여 결코 좋지가 않다. 또한 3전 중, 초전 午에 청룡이 승하여 말전 寅에 등사화 되어 있다. 용두사미의 상이 된다. 따라서 모든 일에 진전이 없고, 결국에는 본 일이 성사되지 못한다.

- 元首課
- 退連株格
- 顧租格
- 斬關格
- 勵德格

※ Tip

본 과전도에서처럼 3전이 초전에 청룡이 승하고, 말전에서 등사가 되면, 모든 일, 특히 고시, 진급, 경영 등이 어려워진다. 龍이 변하여 뱀이 되는 격으로 용두사미격(龍頭蛇尾)이 된다. 이점은 반드시 적용해야 한다.

	해 석	과전 적용
63법	**彼此全傷防兩損** 일간과 일지가 모두 상신으로부터 극을 당할 때 나타난다. 송사정단이 될 때는 양가는 모두 죄로 인하여 처벌을 받는다. 모든 정단에서 양쪽 모두 탄식이 있다.	일간 庚은 상신 午로부터 극을 받고, 일지 申 역시 상신 午로부터 극을 받는다. 또한 간지 모두 교차로 극을 받기도 한다. 이 경우 그 해가 더욱 크게 작용한다.
36법	**干支皆敗衰傾頹** 일반적으로 간상과 지상 모두 敗神을 만나는 경우이다. 질병정단은 기혈이 쇠패하고 가택정단은 가옥이 무너지고, 인사정단에서는 타인의 음사 포착이 어렵다.	일간상신 午와 일지상신 午는 각각 일간 金과 일지 金의 패신이 되어 각각 패신을 봉하고 있다.
37법	**末助初兮三等論** 1. 末生初→日干生→吉 2. 末生初→日干剋→凶 3. 末生初→日財 →求財大吉 또한 年命에서 말전을 제극하면 길하고, 그 반대로 말전을 생하면 흉하다.	말전 財星 寅잉 초전 午를 도와 일간을 극한다. 달리 해석하면 재성이 귀살화되어 일간을 상하게 한다.
27법	**傳財化鬼財休覓** 재성이 귀살을 도와 財化鬼가 될 때를 말한다. 재물 취득으로 인해 화가 미친다. 처재효와 귀살이 교섭하여 손실시키는 것을 미연에 방지해야 한다. 그러나 자신의 재물을 가지고 귀인에게 부탁하는 일에는 좋아서 그 일을 성사시킨다.	말전 寅은 일간의 재성이지만 초전 午를 도와 財化鬼가 된다. 이때 전재화귀가 된다.

모망(謀望)

운수회사 합동사의 성공 실패 여부?

豫題 69. 甲申年 甲戌月 壬午日(空 申酉) 未時 (卯將)
命 - 乙巳 　年 - 巳 　　書占

甲	壬	戊
青 戌	玄 午	ヒ 寅
寅	戌	午

癸	己	戊	甲
常 未	貴 卯	ヒ 寅	青 戌
壬 亥	未	午	寅

丁 朱 丑 巳	戊 ヒ 寅 午	己 貴 (卯) 未	庚 后 辰 申○
丙 合 子 辰	壬午日 5局		辛 陰 巳 酉○
乙 勾 亥 卯			壬 玄 午 戌
甲 青 戌 寅	○ 空 酉 丑	○ 白 申 子	癸 常 未 亥

課象分析

1. 동업관계의 정단은 일간을 客(움직이는 방향), 일지를 주인(본인, 움직이지 않는 방향) 으로 본다. 현재 일간상신 未는 태세 申의 전태세지인 병부(病符)에 해당되고 폐구를 이루어 귀살로 일간을 극하고 있다. 그러나 다행히 일간의 음신 卯는 귀인을 승하고 월장이 되어 일간상신 未를 제극하고 있다. 따라서 그 흉한 정도는 이르지 않는다. 일지는 일, 사안을 일컬으며, 상대방을 나타내며 현재 일지상신 寅은 일간을 탈기하고 등사가 승하여 탈상봉탈(脫上逢脫)이 된다. 主는 상대방의 부실을 나타내고 기만하는 마음을 나타낸다. 일지음신 戌은 청룡이 승하여 귀살로 발용하고 있다. 발용은 일의 시작이고 움직임의 대표가 된다. 그러므로 일이 부실하고 업무가 쉽지 않음을 나타낸다. 따라서 재무적인 압력과 일이 막히고 순탄하지 않다.

2. 간지가 교차로 탈기하면서 서로 육합관계에 있다. 또한 간 • 지상신은 서로 극하고 있다. 상호간에 재산이 빠져나가는(새는) 형상이 된다. 따라서 쌍방이 서로 마음을 믿지 못하고 있다. 일간의 양 과(1, 2과)가 삼합으로 木국을 형성하고 일지의 양 과(3, 4과)는 삼합으로 火국을 형성하니, 이를 삼합과(三合課)라 한다. 또 일간상신 未와 중전 午와는 육합을 하여, 삼육상호(三六相呼)라 하여, 主는 謀하는 일은 모두 이룰 수 있고 전혀 장해가 되지 않는다. 『經』에서 말하기를「삼육상호견희흔, 종연대악불성진(三六相呼見喜忻, 縱然帶惡不成嗔)」라 하여, 서로 삼 • 육합이 되면 설령 나쁘다 하더라도 그 역시 화가 되지 않는다. 이는 중간에 서로 일을 성사시키려는 사람이 있다.『大典』에서 말하기를 동업을 형성하려면 반드시 주작(문서)이 있어야 하는데, 과전에 주작이 들어있지 않아 계약서(동업)가 가능하지는 않다. 『畢法賦』 97法에서「소서불입잉빙류(所筮不入仍憑類)」라 하여, 유신이 과전에 없을 때 천지반도에서 유신을 가져다 써야 하는데,

천지반도에서 丑이 주작을 승하여 일간상신 未와 상충을 하고, 중전 午와는 육해관계에 있어 합중 파(破)를 나타내는 상이다. 이 역시 「합중범살(合中凡殺)」이라 하여 合 속에 칼이 있는 격으로 『畢法賦』 82法에서 「합중범살밀중비(合中凡殺密中砒)」라 한다. 또한 『經』에서 말하기를 「합중범살소인지, 유방호리정상기, 소리유도유회득, 사장성합실편의(三合凡殺少人知, 惟防好裏定相欺, 笑裏有刀誰會得, 事將成合失便宜)」라 하여, 서로 화합하는 가운데, 서로 기만하고, 미소 속에 숨겨진 칼이 있는 격으로, 서로 합심이 되면 결국에는 서로 해하여 좋지 않은 결과가 생긴다. 따라서 이 동하여 동업을 할 시에는 반드시 좋지 않은 결과가 나타난다.

3. 동업정단은 구재를 목적으로 한다. 반드시 재효가 구재의 유신이 되기 때문에 과전에 재효가 있어야 한다. 현재 재효는 3전에 財局이 형성되어 구성되어 있으나, 중전의 둔간에 壬水로 비겁이 임하고 현무가 승하였다. 따라서 도실물(盜失物)이 발생할 수 있는 조짐이 있다. 또한 3전이 재국으로 형성되어 간상 未를 생하여 일간의 귀살이 된다. 이것을 재화귀(財化鬼)라 한다. 財를 득하기가 어렵다. 말전이 응기가 될 수 있으나, 현재 말전 寅은 일간을 탈기하고, 또한 둔간 戌土는 암귀로 일지상신에 등사를 승하고 임한다. 모든 결과가 반드시 상대방의 탈모(脫耗)와 탈재(脫財)에 의한 것이다. 3전 중 초전 戌은 순수이면서 청룡이 승했다. 또 말전 寅은 일간에 대하여 탈상상봉탈 로 등사가 승했다. 유시무종(有始無終)을 나타낸다. 따라서 초전은 청룡, 말전은 등사로 용두사미가 되는 상이다. 그러므로 財는 득하지 못하고 결과는 없는 것이 된다.

- 重審課
- 炎相格
- 驀越格
- 六儀格
- 斬關格

畢法賦의 해석과 과전 적용

	해 석	과전 적용
21법	**交車相合交關利** 간지가 서로 교차하여 합을 이룸을 말한다. 교역에 이로운 상이다. 신살의 조합을 잘 살펴 보아야 한다. 열가지로 논할 수 있다. 교차상생, 교차재, 교차탈, 교차해, 교차공, 교차형, 교차극, 교차충, 교차삼교, 교차삼합	일간상신 未와 일지 午가 서로 육합이고, 일간기궁 亥와 일지상신 寅은 육합이다. 교차합을 하고 있으나, 실제로는 지상에서 일간을 탈기하고 일지에서 일간상신을 탈기하는 현상으로 모두 나에게 불리하다.
83법	**萬事喜忻三六合** 삼합삼전(三合三傳)의 一神이 간•지상과 육합을 이루는 경우이다. 이 때의 모망사는 모두 성취된다. 만사형통과 이기도 하다.	3전에서 초전 戌과 중전 午와 말전 寅은 삼합을 하고, 중전의 午와 일간상신 未와는 육합을 하여 서로 삼합과 육합을 과전에서 같이 행하고 있다.

모망(謀望)

채석장의 채굴이 성공인가? 실패인가?

豫題 70. 甲申年 甲戌月 戊寅日(空 申酉) 戌時 (卯將)
命 - 戊申　年 - 寅　　借客 晝占

丙	辛	甲
匕 子	常 巳	合 戌
未	子	巳

甲	己	癸	丙
合 戌	陰 卯	空 未	匕 子
戊 巳	戌	寅	未

甲 合 戌 巳	乙 朱 亥 午	丙 匕 子 未	丁 貴 丑 申○
○ 勾 酉 辰	戊寅日 8局		戊 后 寅 酉○
○ 青 申 卯			己 陰 (卯) 戌
癸 空 未 寅	壬 白 午 丑	辛 常 巳 子	庚 玄 辰 亥

課象分析

1. 일간상신 戌은 일간의 묘신이며 육합이 승하여 外戰을 당하고 있다. 외부로부터 어려움을 겪는 상이다. 또한 묘신에 둔간 甲이 둔귀로 일간을 극하고 있다. 또 戌에 육합이 승한 것을「망수(亡羞)」라 하여, 화를 부르는 상이 된다. 타인에 대하여 일의 압력을 받고 있는 상이다. 머리가 복잡하다. 일간음신 卯는 음귀(陰鬼)로 압력을 가하는 상이 된다. 일지는 상대방을 나타낸다. 현재 일지상신 未는 일지의 묘신이며 천공이 승해 있다. 또한 음신 子 재성은 등사가 승하여 혼미한 상이다. 그 원인은 일지가 묘신이기 때문이다. 지상신 未의 천장 천공의 主는 허위이다. 또 음신 子의 승신 등사는 변화이다. 모든 언어(말)는 허가(虛假) • 허언(虛言)이 된다. 일간상신 戌은 일지상신 未와 서로 刑을 하고 있고, 간지음신 子卯 역시 상형관계에 있다. 쌍방이 협조가 안 되고 어려움을 겪는 상황이 된다. 화기(和氣)는 全無한 상황이 된다. 초전은 子가 발용하였다. 일간음신 卯귀살을 생하여 일간을 상하게 한다. 재무압력으로 인해 손해를 메울 수가 없기 때문이다.

2. 초전발용 子는 제4과에서 발용하였다. 이를 맥월(驀越)이라 한다. 모든 일에 돌연 발생하여 변화되는 것을 나타낸다. 또 발용 子는 일지상신 未와 서로 육해관계에 있고 극을 당한다. 투자금을 상대방에게서 돌려받지 못한다. 중전 巳는 일간의 일덕, 일록에 해당되고 태상이 승하여 길조를 나타낸다. 그러나 중전의 덕 • 록 인 巳는 초전인 子에 의하여 극을 당하고, 말전 戌은 묘신이 되며 힘을 받지 못한다.(無氣) 따라서 행위에 대한 발전이나 희망이 없다. 말전 未는 지체를 의미(묘신)하고, 또 정단의 과는 "일순주편격(一旬週便格)"이 되므로, 그 일에서 벗어날 수 없다. 그러므로 일에 대하여 해결이 불가능하다. 반드시 어렵게 이끌고 있음을 알 수 있다. 모든 일에 지체불통(遲滯不通)의 상이다.

3. 본명 申의 상신 丑은 귀인으로 유일하게 吉하다. 그러나 행년 寅의 상신 未와 冲을 하고 있다. 또한 일간상신 戌과 刑의 관계이다. 그리고 귀인 丑은 지반공망(락공)으로 유일하게 본명상신에서 귀인을 득하였으나 귀인이 힘을 쓸 수 없게 되어있다. 따라서 본 채석장에서의 이득관계는 손해만 보는 상황이 된다.

- 知一課
- 六儀格
- 斬關格
- 驀越格

畢法賦의 해석과 과전 적용

	해 석	과전 적용
88법	干支乘墓各昏迷 간지가 각각의 묘신을 봉할 때이다. 사람과 가택은 혼침해진다. 또한 도모하는 모든 일은 불통이다.	일간상신 戌은 일간의 묘신(火土同宮)이고, 일지상신 未는 일지의 묘신이 된다.
2법	首尾相見始終宜 순수와 순미가 간지에 보일 때, 풀리고 흩어져야 하는 일에 대한 정단은 흉하고, 의심스러운 일은 그 일이 끊어지지 않으며, 길 • 경사는 계속 이어지고 우환사는 더욱 나쁘다.	일간상신 戌은 둔간에 甲이 임하여 순수가 되고, 일지상신 未는 둔간에 癸로 순미가 되어 간지에 각각 순수와 순미를 봉하고 있다.

10장

음양택정단

(陰陽宅正斷)

음 · 양택 길 · 흉(陰 · 陽宅 吉 · 凶)

아버지의 산소에 대한 길 • 흉?

豫題 71. 甲申年 戊辰月 乙丑日(空 戌亥) 酉時 (戌將)

命 - 乙未　年 - 卯　　借客 晝占

丙	丁	戊
空 寅	青 卯	勾 辰
丑	寅	卯

己	庚	丙	丁
合 巳	朱 午	空 寅	青 卯
乙 辰	巳	丑	寅

庚 朱 午 巳	辛 ヒ 未 午	壬 貴 申 未	癸 后 酉 申
己 合 巳 辰	乙丑日 12局		○ 陰 (戌) 酉
戊 勾 辰 卯			○ 玄 亥 戌○
丁 青 卯 寅	丙 空 寅 丑	乙 白 丑 子	甲 常 子 亥○

課象分析

1. 음택정단에서 일간을 살아있는 사람(후손), 일지는 망인(亡人), 일지의 음신은 묘의 혈이다. 현재 일지의 음•양신 모두 일간을 극하지 못하고 일간과 비화하고 있다. 따라서 아버지의 장례 이후(분장) 흉하지 않은 것이다. 간지상신 巳와 寅은 서로 상형(相刑)이고 巳는 등사에 속한다. 刑을 이룬 寅木은 일지인 丑(宅)을 극하고 있다. 寅은 큰 나무를 뜻한다. 또한 寅에 천공이 승했다. 천공은 고목을 뜻하여 이 무덤에 고목나무 뿌리가 시신을 감고 있거나 혹은 사혈(蛇穴)이 있다. (未에 등사가 승하여 일지 丑과 沖을 하는 현상)

2. 초전발용은 지상 寅에서 일간과 비화하고 있다. 일지음신 卯는 관의 나무나 혈(穴)이다. 卯에 청룡이 승하여 중전에 입전하였다. 혈지에 있음이 분명하다. 卯(棺) 둔간에 정신이 임하고 청룡이 승했다. 정마나 청룡 모두 움직이는 동신(動神)이다. 이미 장례 후 옮겨서 고친 것(이장)이다. 3전이 寅卯辰 삼합의 형제국(木)으로 되어 일간상신 자손효인 巳가 육합에 승하여 발생하였다. 『畢法賦』 95法에서 「육효현괘방기극(六爻現卦防其剋)」으로, 다 시 말하면 이 산소는 비교적 정신인 丁이 旺하다. 財가 향하는 것이 일반적이다.

3. 귀인이 역치하고 있어 묘지가 역수지국(逆水之局)이고 현무는 주산이 된다. 지금 현무가 승한 亥는 공망이 되어 있다. 따라서 주산(龍)은 꺼져(함몰)있다. 대부분 황룡은 혈로 연결되어 있다. 주작은 안산으로 보고, 현재 주작은 巳에 앉아 유기하나, 시령으로는 왕하지 않다. 주작은 午에 승하여 진주작이 되어 文에 관하여 높지 않고 크지 않음을 알 수 있다. 미관은 좋아 보인다. 따라서 문필봉(文筆峰)이다. 청룡을 좌보, 백호를 우보로 본다. 현재 청룡 卯는 왕지인 寅에 앉아 있다. 그러나 시령이 쇠(衰)하다. 백호

丑은 시령이 왕상하다. 청룡(木)과 백호(土)와 서로 극을 하고 있다. 따라서 청룡인 좌보는 수려하고, 길게 이어지고, 우보인 백호는 높게 겨루고 있다. 이는 主가 근심이므로 조성되지 않는다.

4. 구진은 내명당이다. 그 음신은 외명당이다. 현재 구진 辰은 월건으로 왕기에 해당된다. 구진 음신 巳는 시령이 휴수하다. 내•외명당이 밝고 수려하다. 과전도 내에서 水神이 발현되지(나타나지) 않았다. 또한 천지반도 상에서 亥•子는 락•공함이 되어 있다. 유일하게 巳가 辰(水庫)에 앉아 있다. 따라서 내•외명당에 모두 물이 없음을 알 수 있다. 적은 물도 보이지 않는다. 일지, 즉 지과는 三木으로 둘러쌓인 가택인 것이다. 또 3전은 연여격으로 木局을 형성한다. 이로써 알 수 있는 것은 묘지 주변은 나무가 무성함을 알 수 있다.

5. 3전 중 초전을 제1대로 본다. 현재 초전 寅은 겁재의 신이고, 또 천공이 승하여 세파를 하고 있고, 寅은 맹신(孟神) 중 대표의 장방(長房)이다. 따라서 제1대는 재물과 이익 부분에 旺하지 않다. 장방은 손모의 재이다. 또 허리허명이다. 중전은 2대로 말전은 3대로 간명한다. 중전 卯는 청룡이 승하고 일간의 록이다. 季神 辰 천강은 구진이 승하여 卯와 육해 관계이다. 또한 극 관계이기도 하다. 따라서 2방(二房) 중전은 이롭다. 즉 재록양전이 된다. 또한 말전인 3방(三房)은 구재에서 신고(辛苦)하다. 중전은 2대이다. 현재 중전 卯는 청룡이 승하고 일간의 록신이 된다. 따라서 장례 후 2대는 대길하다. 중전(즉 2대)이 가장 아름답게 되어 있다. 부귀가 함께 온다. 말전을 3대로 본다. 현재 말전 辰은 구진이 승하여 일간의 재신이 된다. 따라서 3대에도 富가 따른다. 辰은 산지(山地)이다. 구진 또한 主가 전토(田土)이다. 현재 辰이 卯에 가해져 3대 역시 산림에 발하여 전토지재(田土之財)의 상이다. 辰은 천강이고, 시비지상으로 구진 또한 쟁투의 신이고 결탁, 연루의 신이다. 또한 간지상신이 라망을 봉하고 있다. 따라서 시비지상 또

는 관송이 이어질 수 있다.

6. 발용과 중전이 모두 木신이다. 木은 主가 출입, 관용, 인의의 신이며 木은 文이다. 따라서 문관직이 좋다. 말전 辰은 구진으로 시비, 쟁투를 좋아한다. 따라서 제3대에는 고집이 세고 쟁투시비의 상황이 된다.

- 元首格
- 進連株格
- 羅網格
- 正和格

畢法賦의 해석과 과전 적용

	해 석	과전 적용
55법	**所謀多拙逢羅網** 간상신이 간전(干前) 1辰이고, 지상신이 지전(支前) 1辰이다. 또한 이를 두고 천라지망(天羅地網)이라 하여 12국에서 나타난다. 움직이지 말고 자리를 지킴이 옳다.	일간상신 巳는 일간기궁 辰의 1辰이고, 일지상신 寅은 일지 丑의 前 1辰이다.
76법	**彼此猜忌害相隨** 1. 간 • 지상하가 육해 : 서로 시기 불화 2. 간 • 지천반과 교차육해 : 서로가 해 3. 간 • 지상신 육해 : 서로 시기 4. 간 • 지와 3전이 육해 : 해가 더욱 심함	일간상신 巳와 일지상신 寅은 서로 육해관계가 된다.

음 · 양택 길 · 흉(陰 · 陽宅 吉 · 凶)

주택 풍수의 길 • 흉 여부?

豫題 72. 甲申年 戊辰月 壬戌日(空 子丑) 丑時 (戌將)
命 - 壬寅 年 - 申 借客 晝占

丁	甲	癸
陰 巳	匕 寅	勾 亥
申	巳	寅

庚	丁	己	丙
白 申	陰 巳	常 未	后 辰
壬 亥	申	戊	未

甲 匕 寅 巳	乙 貴 卯 午	丙 后 辰 未	丁 陰 巳 申
○ 朱 丑 辰	工戊ロ 4局		戊 玄 午 酉
○ 合 子 卯			己 常 未 戌
癸 勾 亥 寅	壬 青 (戌) 丑 ○	辛 空 酉 子 ○	庚 白 申 亥

課象分析

1. 가택정단에서는 일간을 사람으로 보고, 일지를 가택으로 본다. 현재 일간상신 申은 태세를 봉하고 장생에 임하여 길하다. 그러나 백호가 승하여 사기가 되고, 또 일간음신 巳는 재신으로 일간상신과 합극(合剋)이 된다. 生이 유한하다. 일지는 가택이다. 현재 일지 戌은 월파를 하고 있다. 일지상신 未 병부로써 암귀를 가지고 일간을 극하고 있다. 일지음신 辰 역시 일간의 묘신이 된다. 인재택쇠(人災宅衰)의 상이다. 가택에 거주하기 힘들다. 가택상신 未는 병부의 귀살로 일간을 극하고 있다. 또한 일간 水는 신체유신에서 신장을 나타내고 혈액, 비뇨계통을 나타낸다. 따라서 이 집에서 사람에 대한 신체가 불리한 상이다. 역환과 신장질병이 생긴다. 천후를 처로 볼 때, 현재 천후는 천강 辰에 승하여, 훼장(毁將)이 된다. 또한 묘신이 되어 귀살로 일간을 극한다. 따라서 처의 신장에 이상이 있다. 또한 혈액, 비뇨계통도 문제가 있다. 곧 압력으로 나타난다.

2. 일지 戌은 가택이며 태양 즉 월장이다. 가택이 밝고 명랑하다. 따라서 정확한 위치이다. 육합은 자손이다. 현재 천지반 중 육합은 子에 승하여 월, 일에 상함을 당하고 공망이 된다. 3전 중 자손효인 중전 寅은 세파가 되고 등사가 승하여 재성을 도와 인성(申)을 상하게 한다. 따라서 이 댁의 자녀는 공부가 어려운 상황이다. 발용 巳財는 정마를 봉하여 『畢法賦』 26法에서 「수일봉정재동지(水日逢丁財動之)」라 하여, 주사는 재리(財利)이다. 그러나 말전의 亥에 의하여 冲剋을 당하니 財의 균형이 깨지며, 말전은 일간의 록신이지만 폐구가 된다. 따라서 財를 취할 수 없고 마지막까지 財를 구하기 어렵다. 마땅히 대문(말전 亥천문의 음기에 의해)을 바꾸고 하늘에 빌어 구제를 받음이 좋다.

- 元首格
- 長生格

畢法賦의 해석과 과전 적용

	해 석	과전 적용
26법	**水日逢丁財動之** 壬•癸日 정마를 봉할 때, 이는 재물의 이동으로 재물획득이 되고, 미혼자는 처를 얻을 수 있으며, 기혼자는 처와 이별을 할 수 있다. 단 정단인의 행년상신에서 여섯 정신이 타고 있는 신을 극하여 없애면 재물은 動하지 않는다.	일간의 음신 巳에 정신이 임하고, 초전발용이 되어 巳에 정신이 임했다. 주변의 시류에 의해 세일 정단을 요하여 정단한다.
70법	**鬼臨三四訟災隨** 일지의 음•양신에 귀살이 임한경우로, 이는 정단시 관사와 질병이 끊이지 않으며 계속된다. 그러나 정도에 임하면 차츰 가벼워진다. 단지 질병과 관사는 면치 못한다. 만약 모두가 공망이면 처음에는 능히 이를 면하나 먼저 보았다면 더욱 면하지 못하지만 나중에는 후환이 없어진다.	일간의 음•양신이 未와 辰이 모두 일간의 귀살이 된다. 이는 송사와 질병이 이어지고 계속된다.

11장

잡사점측

(雜事占測)

잡사점측(雜事占測)

현재 나의 운은 어떤가? - 여자 내점객

豫題 73. 癸未年 甲子月 丙子日(空 申酉) 未時 (丑將)
坤命 - 甲寅　年 - 卯　　書占
乾命 - 戌

壬	丙	壬
玄 午	合 子	玄 午
子	午	子

己	辛	壬	丙
朱 亥	常 巳	玄 午	常 子
丙 巳	亥	子	午

乙 朱 亥 巳	丙 合 子 午	丁 勾 丑 未	戊 青 寅 申○
甲 匕 戌 辰	丙子日 7局		己 空 卯 酉○
○ 貴 酉 卯			庚 白 辰 戌
○ 后 申 寅	癸 陰 未 丑	壬 玄 午 子	辛 常 巳 亥

課象分析

1. 선봉(점시)은 일의 기조(機兆) 전기를 나타낸다. 지금 선봉 未는 태세가 되고 폐구가 되며, 암귀가 되어 일간을 극하고 있다. 가정에 반드시 우환이 있는 상이다. 일간을 본인으로 보면 지금 일간 丙은 절기상 휴수하다. 또 일간상신 亥는 일간의 귀살이 되고 주작이 승하여 일간을 극하고 있다. 주작의 主는 시비구설이다. 또한 일간상신 亥 귀살은 남편을 나타내며, 일간기궁 巳와 상충이 되고 있고 일간음신과도 상충이 되고 있다. 冲은 동요, 불안을 나타내고 사람의 정(情) 사이에 불화를 나타낸다. 따라서 현재 그의 부인과 심정이 반복 불안함을 알 수 있다. 부부간 항시 작은 구설이 있음을 알 수 있다.

2. 家運을 볼 때는 일간을 사람, 일지를 가정으로 본다. 지금 일지상신 午는 양인으로 상차살을 병하고, 혈기에 현무가 승하여 둔귀를 봉하고 일간을 상하게 하고 지진과는 冲을 이루고 있다. 人宅 모두 불안한 상을 나타낸다. 가정 내 혈광흉재를 면하기 어렵다. 초전발용 午는 양인이 되어 일지상신에 돌아온다. 일의 발생이 내부에서 발생하므로, 반드시 가정에 인재가 있음이다. 중전 子는 일간의 귀살로 초전 午를 상하게 한다. 말전 午 역시 양인으로 중전 子와 충극을 하고 있다. 여기에서 관성은 남편이다. 또한 남편의 외출로 본다. 여자의 점에서 청룡을 남편으로 보고, 지금 청룡은 寅역마와 천마를 병하고, 절지인 申에 앉아 서로 상충을 하고 있다. 남편이 서남방향에 있고, 차사고가 있음을 알 수 있다(역마를 차로 보고 있다). 남편은 庚戌生으로 1970年生이다. 본명 戌의 상신에 辰은 월건 子의 사기이며 백호가 승해 있다. 辰은 動神이고 백호는 혈광지사(血光之事)로 도로의 신이다. 그러므로 남편은 외출 시 차 사고에 의해 혈광흉재로 고통을 받고 있다. 현재 점자(여자)의 행년은 卯로 그 상신인 酉는 귀인이 승하고 있고, 남편의 행년은 亥로써 상신 巳는 일간의 덕 • 록이 된다. 현재 청

룡(남편) 寅은 상기(相氣)를 득령하고 일간의 장생이다. 그러므로 흉이 감소될 수 있다. 따라서 사고가 나더라도 생명에는 지장이 없다.

3. 천강 辰은 일간기궁 巳의 干前 1位에 있다. 과거사이다. 월건 子와 중전 子 역시 과거사이다. 따라서 정단은 가까운 과거일이다. 양일 반음과를 "덕상록절(德喪祿絶)課" 라 한다. 또 연명상신 申은 재성이며 공망이다. 따라서 현재의 가정운이 불안정하다. 재운 역시 아름답지 못하다. 내년 태세 申년에 재성의 공망이 메워지고, 또 일간기궁 巳와 合이 된다. 따라서 내년에는 운기가 다소 호전될 것이다. 점인은 본인의 남편이 4일 전에 오토바이 운전 중 과속하여 부주의로 이가 모두 부러져 출혈이 많았고, 현재도 좋지 않은 상태로 호전되지 않아 마음이 불안하다. 사고일은 4일 전인 壬申일인데 이는 청룡 寅이 壬申일 서로 충극이 되어, 그 날의 흉한 應期가 되었다.

- 反吟課(無依格)
- 三交格
- 四絶格

畢法賦의 해석과 과전 적용

	해 석	과전 적용
73법	**前後逼迫難進退** 3전이 모두 흉할 때 전진을 해도 득함이 없고, 후퇴는 해도 얻는 것이 없다. 허모백출하고 얻음이 없으니, 움직이면 안 안 된다.	초전 午는 중전 子가 수극하면 충을 하고, 말전 午 역시 중전 子이다. 극충(剋沖)을 하기에 모든 것이 흉하다.
48법	**鬼乘天乙乃神祇** 일간의 귀인이 귀살에 승하니, 반드시 귀수로 보아야 한다. 질병정단이면 반드시 하늘신과 땅신의 해코지가 있다. 덕을 베풀고 가택신을 편히 위로하면 재앙은 사라진다.	천지반도에서 亥는 일간의 귀살이며 밤점의 귀인이 된다. 이렇게 귀살에 귀인이 승하는 것을 "귀승천을(鬼乘天乙)" 이라 한다.

음 · 양택 길 · 흉(陰 · 陽宅 吉 · 凶)

집이 언제쯤 팔릴까?

豫題 74. 癸未年 辛酉月 癸丑日(空 寅卯) 戌時 (辰將)
命 - 癸卯　年 - 午　　借客 晝占

丁	癸	丁
朱 未	常 丑	朱 未
丑	未	丑

丁	癸	丁	癸
朱 未	常 丑	朱 未	常 丑
癸 丑	未	丑	未

辛 空 亥 巳	壬 白 子 午	癸 常 丑 未	○ 玄 寅 申
庚 青 戌 辰	癸丑日 7局		○ 陰 卯 酉
己 勾 酉 卯○			甲 后 辰 戌
戊 合 申 寅○	丁 朱 未 丑	丙 匕 午 子	乙 貴 巳 亥

課象分析

1. 본 과는 유자과(遊子課)로서 고향을 떠나는 상이다. 또한 과상은 반음과를 득하였다. 간지상신이 모두 정마를 봉하고 있다. 人宅이 모두 움직이는 상으로 집이 팔리는 상이다.

2. 수일봉정재동지(水日逢丁財動之), 즉 집을 팔아 돈을 만드는 상이다. 간지상신 주작이 승하고, 간지는 충을 하고 있다. 전화문의가 많고, 반복적으로 물어 진정(안정)되기 어려운 상이다. 그러나 본 과전도(癸丑日7局)는 土 귀살이 중중하다. 土의 主는 지체이다. 또 태세 未는 과전상에 4곳에나 보인다. 따라서 금년에 거래되기 어려움을 알 수 있다. 그러나 다행히 본명 卯 상신 酉는 귀살의 生助를 받아 일간을 生助하고 있다. 행년 午 상신 子는 일간의 록신이다. 따라서 집이 팔릴 상이 된다. 내년 未월에는 주작이 승하고 정마가 봉해졌다. 반드시 좋은 징조이다. 또한 내년 태세(申)는 일간의 장생이 되고, 일간을 생조하여 힘이 있다. 입동 후에는 일간이 旺한 시기가 되어 능히 丁財가 된다. 따라서 내년 입동 후, 집을 매각하여 돈이 생길 가능성이 크다.

3. 과전에 천반 丑•未土가 7개, 둔간에는 丁이 4개, 癸가 3개, 간지오행이 14개이다. 따라서 숫자로 丁은 6, 癸는 5, 丑•未는 8이 되어 숫자의 합이 95가 된다. 이집의 판매가는 9천5백만원에 매각될 것이다.

- 反吟課(無依格)
- 閉口格
- 四絶格
- 六陰格
- 稼蓄格

畢法賦의 해석과 과전 적용

	해 석	과전 적용
26법	**水日逢丁財動之** 壬癸일 丁馬를 봉하면 財가 遠方에서 이동한다. 水일의 丁神은 財星이기 때문이다. 또한 결혼정단에서는 처를 구하고, 기혼자는 처가 떠난다.	癸丑日 7局 정단에서 정마가 4곳이나 있다. 1,3과와 초전 , 말전에 봉해 있다.
49법	**兩貴受剋難干貴** 주•야귀인이 모두 지반으로부터 극을 당하면, 귀인에게 부탁하는 일은 절대로 성취되지 못한다. 이는 차라리 부탁하지 않은 것만 못하다. 귀인의 노함에 있어 장애가 생긴다.	癸丑日 7局에서 낮귀인 卯와 밤귀인 巳가 모두 지반으로부터 극(내전)을 받는다.

사례정단

필법부 찾아보기

용어 찾아보기

과전도 찾아보기

일목 이필문(一目 李巰文)

공주대학교 대학원 동양학 석사

공주대학교 대학원 동양학 박사

능인불교대학원 대학교 불교학과 수학중

전) 원광디지털대 평생교육원 필법부 강사

전) 동방문화대학원 대학교 평생교육원 육임학 강사

주) 대통인 육임, 성명학 강사

핵심 육임정석 84강 완강

81수리 성명학 24강 완강

저서

일목 육임정단사례

핵심 육임정석

육임역지 평주

대육임필법부 100법 예제 정단해석

현대육임 정단사례

2021년 1월 8일 1판 인쇄
2021년 1월 15일 1판 발행

저 자 • 이필문
발행자 • 이영애
발행처 • 공감북스
주 소 • 02001 서울시 중랑구 중랑천로 256
전 화 • 02-971-9683
팩 스 • 02-972-9683
등 록 • 제 25100-2015-18호
등록일 • 2015년 7월 15일
e-mail • sympathybook@naver.com

ISBN 979-11-86898-61-1 (93200)
정 가 29,000원